영포자가 꿈꾸는

영어 원서 쉽게 읽기

일러두기

이 책에 언급되는 '모국어책'은 한국 작가가 쓴 책이나 한국어로 번역된 책을 말하는 것으로,
굳이 '한국어책'이나 '한글책'으로 표기하지 않은 것은 모국어의 중요성을 표현하기 위함입니다.

영포자가
꿈꾸는
영어 원서
쉽게 읽기

부경진 지음

반갑습니다. 저는 영어를 전공한 적도, 해외 어학연수나 유학을 다녀온 적도 없는 두 아이를 키우는 평범한 직장맘입니다. 영어 학원이 많은 도시 지역도 아닌 제주섬에서 태어나 살고 있으며 첫 해외여행이 서른이 다 되어 신혼여행으로 간 괌섬이었고, 외국에서 일주일 이상 체류한 적도 없습니다. 큰 비용이 아닌 한 달에 5~10만원 정도 들여 영어 원서를 구입해 읽고 들으며 영어에 대한 갈증을 달래고, 울고 웃으며 재미있게 영어를 즐기고 있습니다.

영어 원서와 모국어책을 읽은 후기나 제주의 일상을 블로그에 올리다 보니 공감해 주시고 영어 원서 읽는 노하우를 물어보시는 분들이 많았습니다. 아이를 키우는 엄마나 직장인에서부터 학생들까지 다양했고 학생들 중에는 외고에 다니거나 미국에서 유학하는 이들도 있었습니다. 그래서 용기를 냈습니다. 그 동안 영어 원서와 모국어책을 읽으면서 겪었던 시행착오와 노하우를 함께 나누자고 말입니다.

사실 책을 읽는 방법에 정답은 없다는 것이 정답인지도 모릅니다. 이 책도 '정답'이 아닌 저만의 '대답' 정도가 알맞을 것이라고 생각합니다. 저도 영어 실력을 높여보려고 여러 가지 영어성공기 책을 읽었고, 그 안에 제시된 노하우들을 시도해봤지만 저와 맞지 않는 방법들도 많았습니다. 그래서 '정답'이라는 표현을 쓰기가 조심스러워지는지도 모르겠습니다. 제 방법이 누군가에게는 '오답'이 될 수도 있다는 것을 알면서도 용기를 내는 것은, 모두가 영어 전공을 할 수 없고 모두가 해외에 유학을 갈 수 없는 현실에서 지내고 있지만 나고 자란 곳에서 영어를 하는 것이 불가능한 것만은 아니라고 말하고 싶었기 때문입니다.

영어는 학창 시절에는 시험 때문에, 취직해서는 승진 때문에, 엄마가 되어서는 '엄마표 영어'라는 이름으로, 또는 할머니가 되어서는 '할머니표 영어'라는 표현이 나올지도 모르겠습니다만 계속 주변을 맴돌며 평생을 괴롭히는 듯합니다. 그래서 어떤 직업을 가졌든, 젊든 나이가 들었든 고민해야 하는 대상입니다. 그렇다면 어떻게 해야 평생을 같이 할 수 있을까요? 저는 그것을 영어 원서에서 찾았습니다. 누군가에게 들킨다면 창피하고 부끄러운 수준이었기에 아이들 책에서부터 하나씩 하나씩 해왔습니다. 그 당시에는 제대로 하는 것인지에 대한 의심도 있었고 어떻게 가야 할지 몰라 답답하기도 했고, 갔던 길을 다시 돌아 나오는 시행착오도 많이 겪었습니다. 물론 지금도 완성 단계는 아니며 수정하고 성장하는 과정에 있습니다. 돌이켜보니 그런 과정에서 경험한 것이 힘든 고생만은 아니었고 오히려 배우고 깨달은 시간이었으며 감동과 교훈도 많았다는 생각이 듭니다. 그랬기에 오랫동안 지속해올 수 있었던 것이지요. 그래서 이렇게 이 글을 시작하고 있는지도 모릅니다.

Bernadette loved to read.

She always had her nose stuck in a book,

and if not her nose then she'd have a finger in there,

holding her place while she did whatever else needed doing quickly

so she could get back to her reading.

Bernadette은 책 읽는 걸 좋아했다.

그녀는 항상 책에다 코를 박고 있었고,

코가 안 되면 손가락이라도 책에 박아 놓고 있었으며,

해야 할 일을 빨리 하는 중에도 읽던 부분을 잘 붙들고 있었다.

다시 책 읽기로 돌아올 수 있도록. 《So B. It 중에서》

모국어책도 그렇지만 원서를 읽다 보면 책에 대한 좋은 문구를 많이 만나게 됩니다. 이 문구는 제가 참 좋아하는 부분인데요. 이 책을 읽는 독자 여러분도 책이 좋아져 책에 코를 박고 있거나, 코가 안 되면 손가락이라도 끼워 놓을 수 있다면 좋겠습니다. 급히 해야 할 일이 있어 마무리하자마자 쪼르르 달려와 읽던 부분을 다시 펼치는 장면을 그려보니 미소가 지어집니다.

저의 이야기가 영어 원서를 어떻게 접근해야 할지 궁금하신 분들에게, 모국어책이라도 지속적으로 읽고 싶은 분들에게, 학원의 힘을 빌지 않아도 실력을 유지하거나 높이고 싶은 분들에게, 그리고 외국에 나가지 않아도 영어를 잘 하고 싶은 분들에게 도움이 되길 바랍니다. 더 나아가 어학 실력 향상뿐만 아니라 원서에서 얻은 감동과 교훈으로 행복하게 지내시길 또한 기원합니다.

마흔이 두려웠던 서른여섯의 사춘기

서른여섯의 시작이었던 2012년 그 해는 뒤늦은 사춘기에라도 걸린 듯 힘든 시간을 보냈습니다.

다들 그렇게 살듯이 나 역시도 20대에는 대학을 다녔고 취직을 걱정했고, 30대에는 직장에 다니며 결혼을 하고 아이들을 출산했습니다. 그 당시 내 꿈은 내 차와 내 집 마련이었고 가족들이 건강하게 지내고 무탈하게 회사에 잘 다니는, 말 그대로 평범한 일상을 잘 살아가는 것이었습니다.

그런데 서른여섯의 문턱으로 가는 그 겨울에 잠들지 못하고 오래도록 뒤척인 날들이 있었습니다. '내 인생이 다른 사람들과 조금이라도 다른 것이 무엇인가'에 대한 의문이 꼬리에 꼬리를 물었는데요. 물론 지금은 남들처럼 평범하게 살아가는 것이 참 어려운 일이라는 것을 알고 있지만, 그 당시에는 먹고 사는 일에 바빠서 앞으로 달리기만 하는 나는 과연 어떤 마흔을 맞이할 수 있을까를 깊게 그리고 오래 고민했습니다. 지금도 연말 시즌이 되면 그런 앓이를 좀 하는 편이긴 한데, 열여섯에나 할 법한 사춘기 고민이 스무살이나 늦은 서른여섯에 찾아온 것 같았습니다.

주변에서는 "올레길을 걸어보라, 등산을 해 보라, 여행을 해 보라."고 권했지만 아이들이 어렸던 그때 직장을 다니고 육아를 하면서 내가 할 수 있는 방법은 그나마 책 읽기였습니다. 집안에서 할 수 있되 장비를 구입할 필요도 없으며 뭉텅이 시간을 많이 **빼앗지** 않는 것을 찾고 또 찾아낸 것이 바로 독서였던 것이죠. 그렇지만 꾸준히 책을 읽던 습관이 없었고 업무 관련 책이나 육아서 몇 권 보던 시기라서 그런지 마음먹은 대로 책 읽기가 되지 않았는데요. 그래도 다른 방법은 생각조차 할 수 없었기에 일단 돌파구를 찾는 심정으로 쉬운 책부터 또는 남들이 우습다고 생각하는 책들부터 읽기 시작했습니다. 주인공도 저자 한 명이고 문장도 직설적이며 어떤 법칙 같은 것이 있어서 읽기에 어렵지 않은 자기계발서부터 읽어 나갔어요. 어떤 책은 누가 보면 놀릴까봐 종이로 표지를 싸서 다닐 정도로 굉장히 쉽고 수준이 낮은 책부터 시작했습니다.

그 끝에 어떤 해답이 나올지 어떤 일들이 일어날지 몰랐지만 한 권 한 권 읽고 또 읽어 나갔습니다. 책을 읽기 시작하자 세상에 그렇게도 많은 책들이 있다는 것에 놀랐고, 책을 읽기 전에는 어떤 삶을 살고 싶은지에 대한 생각조차 없이 정해진 틀 안에서 바쁘게 움직이기만 했다는 것을 하나하나 깨닫게 되었어요.

책을 읽다 보니 모든 책이 나에게 "너의 인생을 살아라. 비록 크게 성공하지 못하더라도 너만의 행복한 인생을 살라."고 말하는 것 같았습니다. 그렇게 책을 읽으며 '과연 내가 잘할 수 있는 것과 내가 잘하고 싶은 것은 무엇인가'를 끊임없이 고민했습니다. 눈으로는 다른 사람의 이야기를 읽고 있는데 머릿속에서는 '나만의'라는 그 질문이 계속 떠나지 않았죠. 곰곰이 생각하니 잘할 수 있는 것은 아니지만, 잘하고 싶은 것이 있었는데 그것은 많은 사람들이 그렇듯 '영어'라는 단어에서 멈추게 되었습니다.

어렵게 시작한 모국어책 읽기를 한 권 한 권 힘겹게 유지해 나가고 있었지만 조금 더 욕심을 내고 확장해서 영어 원서를 읽어 보기로 마음 먹게 된 것인데요. 육아와 직장을 병행해야 해서 학원에 다닐 시간이 없었던 그때 책 읽기와 원서 읽기는 한줄기 빛처럼 나에게 희망을 주었고 이제는 더 이상 뗄 수 없는 내 인생의 중요한 취미이자 특기가 되었습니다.

시도하고 실패하고 다시 도전해서 완독해 나가며 차곡차곡 쌓인 경험과 장면들은 큰 자산이 되었고, 5년이 흘러 마흔이 넘은 오늘 이렇게 책까지 쓰게 되었습니다. 책 읽기라는 시작이 두려웠고 어려웠던 나로서는, 또한 활자가 크고 그림이 많았던 아이들이 보는 원서에서 시작했던 나로서는 서른여섯의 그 해에 치열하게 고민했던 것이 꾸준함 속에서 다른 형태의 결과물로 나온 것만 같아 신기하기만 한데요. 이제 그 이야기들을 하나하나 들려드리려고 합니다.

⊕ Contents

단어와 문법을 어떻게 할까?

저는 이렇게 읽어요

영어에 대하여

2부 | 책이 좋아지는 원서 속 밑줄 이야기

3부 | 사진으로 보는 원서 읽는 노하우 레시피 (부록)

1부

입이
열리고
귀가
트이는
영어 원서
읽기

원서 읽기를 시작한다는 것은

모국어책을 이용한 습관 잡기

영어 원서를 쉽게 읽기 위해서는 먼저 모국어책으로 시작해야 한다. 모국어책으로 시작하는 것이 생뚱맞게 여겨질 수 있지만 원서를 읽을 때마다 모국어가 중요하다는 것을 자주 느끼기에 그 이야기를 먼저 하는 것이 좋겠다.

아이들을 키우며 직장에 다니는 내가 영어 실력이 향상되고 계속할 수 있는 방법은 영어 원서 읽기에 있다는 결론에 도달했다. 이제 방법을 찾았으니 시작만 하면 될 것 같았지만 모국어책을 한 달에 한 권 정도 읽던 독서 습관으로는 마음먹은 대로 되지 않았다.

활자를 읽고 이해하는 습관이 잡히지 않으니 두뇌가 반항하는 느낌이었다. 내 안의 또 다른 내가 '책 읽어도 아무 소용 없으니 그만두어라, 용량이 다 찼다.'라고 방해하는 것만 같았다. 인터넷을 뒤져 영어 원서를 처음 읽기 시작하는 사람들에게 추천되는 《Magic

Tree House》28권을 구입했다. 영미권 미취학 아이들이 읽는다는 그 책을 나는 1권, 아니 1챕터 읽기도 힘들었다. 영어 원서 읽기를 시작하기 위해 가장 먼저 준비해야 할 것은 단어 공부도 문법 공부도 아닌 바로 모국어책 읽기였다.

등장인물도 몇 안 되고, 스토리도 짧고, 복선이나 암시가 없으며, 직접적인 표현으로 쓰여 읽기 쉬운 책부터 시작했다. 우스워 보이지만 그런 시작이 많은 도움이 되었다. 아무리 쉬운 책이라도 완독이라는 경험은 굉장히 중요하기 때문이다.

한 권을 읽어내는 끈기가 습관이 되자 여러 권이 하나의 이야기가 되는 중편 소설과 장편 소설을 읽게 되었고, 번역 소설로도 확장할 수 있었다. 그렇게 6개월 이상 모국어책을 완독하는 연습을 하고 나서야 영어 원서도 읽을 수 있었다.

모국어책을 읽으면서 장면을 상상하고 주인공의 특징을 기억하는 등 이야기의 흐름을 끝까지 유지하는 능력과 습관이 우선적이다. 행간의 내용과 요점을 이해하는 능력이 어느 정도 길러지면, 영어 원서를 읽을 때에도 이미지를 연상해 다음 이야기를 예측하는 힘이 생긴다.

외출할 때도 가방 속에 늘 책을 넣어다니고, 손이 닿는 곳마다 책을 두어 언제 어디서나 읽었다. 또한 리모컨을 장식장 서랍 안으로 밀어 넣어 TV를 멀리 하고, 자투리 시간이 날 때마다 책 속으로 빠져들었다. 칙칙칙 밥통 돌아가는 그 틈에도 몇 줄 읽으며, 그렇게 일상이 조금씩 바뀌기 시작했다. 책 읽는 취미를 가지려면, 더군다나 영어 원서 읽는 것이 좋아지려면 글자를 좋아하고 이야기를 좋아해야 한다. 또한 다른 사람이 해 주는 말을 귀담아듣고 다른 사람의 인생을 들여다보는 호기심과 관심이 있어야 한다. 그리고 거대한 목표를 세우기에 앞서 바로 지금 한 줄을 읽는 것이 중요하다. 한 단락이 한 페이지가 되고, 한 권이 되기 때문이다. 그러므로 처음에는 책에서 무엇을 얻을까보다는 어떻게 버릇을 들일까 고민해야 한다.

한 권 한 권 완독한 책이 늘어날 때마다 새로운 책이 궁금해졌다. 인터넷 서점 사이트에 들어가 해외 서적 코너에서 제목이라도 훑어보고 원서 읽는 고수들의 블로그에서 소개되는 책들을 메모하면서 마음에 품었던 영어 원서 읽기라는 꿈을 펼치기 시작했다.

왜 이렇게 영어 원서를 술술 읽는 한국인이 많은지 영어 원서의 세계는 알면 알수록 넓고도 깊었다. 따라 하고 싶은 마음에 읽고 싶은 책 목록을 메모해 나갔고 국내에 번역되어 베스트셀러가 된 책의 영어 원서를 읽고 싶다는 욕심이 생겼다. 처음에는 어렵겠지만 막힘없이 읽는 날을 기대하면서 하나씩 시작해 나갔다.

모국어책을 통한 다지기

영어 원서를 열 권에서 스무 권 정도 읽다 보면 원서만 읽고 싶은 마음이 들고 일종의 편식을 하게 된다. 원서에 재미가 붙으면 보다 빨리 더 많은 책이 읽고 싶어지는데 그때부터는 한국어로 된 글은 읽지 않고 영어만 읽고 듣는 영어 환경을 만들고 싶어진다.

그런데 대한민국에 살면서 영어를 해야 한다면, 또한 우리말도 어느 정도 수준있게 하고 다양한 분야의 원서를 읽으려면, 모국어

책을 더 열심히 읽어야 한다. 말이 안 되는 것 같지만 정말 맞는 말이다.

모국어책을 완독하던 습관이 있으면 원서의 접근도 쉽다고 했는데 이것은 습관과 속도만 연관 있는 것이 아니다. 여유 시간이든 자투리 시간이든 스토리를 놓치지 않고 잘 따라가며 인물들의 내면을 읽어내고 책에서 풀어내는 다양한 세상을 제대로 이해하는 것은 질적인 면에서도 중요하다.

모국어책을 읽거나 영화를 보거나 여행을 다니며 경험한 일들은 두뇌에 이미지를 축적해 놓는다. 이런 경험들이 영어 실력과 끈기와 만났을 때 큰 힘을 발휘하는 것을 자주 경험하였다. 그래서 모국어책을 부지런히 읽는 것이 영어 원서를 재미있게 읽을 수 있는 동력이 된다고 믿는다.

그러니 영어 원서가 최고라며 편식하지 말아야 한다. 모국어책을 읽고 모국어 환경에서 다지는 시간 없이 영어 원서만 집중해서 읽다 보면 어느 순간 벽을 마주보는 듯한 느낌이 들 때가 온다. 그러면 시간이 꽤 흐른 시점에서 오히려 원서 읽기 취미를 지속할 수 없다. 그러므로 천천히 가더라도 모국어책을 놓치지 않는 것이 중요하다.

또한 우리가 영어 원서라고 읽는 책들 일부는 원래 독일어, 스웨덴어, 프랑스어가 원어인 것이 다시 영어로 번역된 것이기도 하다. 《어린왕자》, 《젊은 베르테르의 슬픔》, 《오베라는 남자》, 《삐삐롱스타킹》 같은 책들이 떠오르는데 좀 더 엄밀히 말하자면 영어번역서를 읽는 것이다. 그러기에 '영어 원서'라는 이름으로 무작정 좋아하기보다는 모국어로 이해하기 쉬운 것은 모국어로 접근하고, 원서로 읽어 그 감동이 더 큰 것은 원서로 접하는 것이 좋다.

물론 원서 읽기가 모국어책 읽기보다 더 힘들기는 하다. 흔히 힘든 것은 곧 나쁜 것이라는 고정 관념이 있어서 피하고 싶어지는데 나는 조금 힘들긴 해도 원어 그대로 읽는 것이 좋다. 번역서에서 실감나게 살리기 어려운, 예를 들면 발음의 연결에서 오는 라임이나 미묘한 행간을 읽어내는 즐거움이 있다. 또한 영어와 우리말의 어순이 다르다 보니 번역서는 약간의 어색함이 있는데 원어에서는 바로 느낄 수 있어서 좋다.

번역가의 프레임을 거쳐 소개된 번역 어투가 아니라 원문 자체의 그 솔직한 느낌이 좋고, 원서 읽는 중에 단어나 멋진 문구들을 알아가는 재미가 일종의 행복감을 주기도 한다.

완독한 후에는 높은 산 등정을 성공한 듯한 기분이 들기도 하는데 이 책을 읽은 또 다른 사람이 우리나라 사람이 아니라 세계 어딘가에 살고 있는 타국의 사람이라고 생각하면 기분이 묘해진다. 이런 재미로 원서 읽기를 성공하기 위해서는 더욱 모국어를 사랑해야 한다. 그것이 진정 책을 읽는 것이고, 세상을 읽는 것이고, 나를 읽는 것이며 성장하는 것이기 때문이다.

어디선가 나타나는 방해의 힘

솔직히 고백하자면 영어를 10년 넘게 공부하고 초보자용 원서를 몇 권 읽었다고 해서 영어 원서를 기분 좋게 덥석 잡게 되지는 않았다. 원서 읽기가 어려운 것은 영어 실력 부족이라는 문제도 있지만 사실 심리적인 것도 크게 작용한다. 흔히 시간이 없어서 외국어 공부를 못한다고 생각하는데 사실은 정신적인 거리감을 좁히지 못한 것이 그 이유가 될 수 있다.

더군다나 단어나 표현을 제대로 알지 못한 채로 완독했다는 기분은 참 찝찝했다. 이것은 읽은 것도 아니고 안 읽은 것도 아닌 상태로, 누가 물어봐도 줄거리가 생각나지 않았고 책을 읽었음에도 완성의 기분이 아닌 허전함만 자꾸 늘어갔다.

그렇다고 같은 책을 다시 읽으려니 재미가 없고, 또 읽고 싶은 다른 새 책은 쌓여만 가니, 점점 스트레스만 많아졌다. 이런 기분은 원서 읽기에서만 느끼는 것이 아니라 모국어책 읽기를 시작할 때도 경험하였다.

독서가 누군가에게는 평생 취미가 되고, 누군가에게는 시도하다가 포기하여 기분 나쁜 경험이 될 수도 있는데, 그 갈림길이 바로 이 시기를 어떻게 극복했는가에서 나뉘는 것 같다. 이때를 지혜롭게 이겨내면 책 읽기라는 취미를 지속할 수 있다. 또한 어떤 일을 하다가 방해받는 힘이 느껴지거나 힘들어서 포기하고 싶은 순간 조금 더 버티게 하는 힘을 기를 수 있다.

책 읽기 습관과 일상에서 버티는 습관이 무슨 관계가 있느냐고 할 수 있지만, 어려워 포기하고 싶은 순간에 조금 다르게 생각하고 조금 뒤틀어서라도 해결방법을 찾는 습관은 책 읽기를 버티는 데서도 키워진다.

운동이든 다이어트든 내게 익숙한 일상이나 습관을 고쳐서 새로운 취미를 만들고자 하면 어디선가 훼방을 놓는 것 같은 기분이 든다. 정말 신기하게도 그렇다. 그래서 새해 새로운 마음으로 계획한 일들을 유지하기 어려운 경험을 누구나 하는 것인지도 모른다. 그리고 당장 어떤 결과가 보이지 않으니 바로 포기해도 그럭저럭 살만하기도 하다. 하지만 스스로를 믿어야만 한다. 지금 바로 성과가 보이지 않아도 지속적으로 하겠다고 다짐해야 한다.

"당신의 노력이 헛되지 않을 거라는 걸 믿어야 한다."는 이 말처럼 말이다. "You have to believe that your efforts will not be in vain." 《Grit 중에서》

책 읽기는 나만의 방식을 찾는 여정

영어영문학 전공자도 아니고 해외 연수나 유학 경험이 없는 서른 중반의 내가 영어 원서 읽기를 목표로 했다고 해서 바로 술술 읽게 되는 것은 아니었다. 고수들의 노하우를 찾아서 영어성공기, 영어학습법에 관련된 책들을 읽으며 제시된 방법들을 따라 하기 시작했다. 물론 나와 맞는 방법도 있었지만 오히려 반감을 느낀 적도 많았다. 하지만 헛된 것은 아니었으며 이런 저런 시도들을 통해 보다 나에게 맞는 방법을 찾을 수 있었다.

한 권의 책이 나와 딱 맞아 떨어질 수는 없다. 왜냐하면 저자의 환경과 경험, 성별, 나이, 배경지식 등이 나와 다르기 때문이다. 그렇다고 그 책들이 틀렸다고 할 수도 없다. 자신의 현실에 맞추어 내 것으로 할 것은 취하고, 어려운 것은 포기해 가면서 나만의 방식을 만들면 된다. 누군가의 책이 틀렸는가 맞았는가보다 틀린 방법도 맞는 방법도 나에게 적용할 수 있는가를 찾아야 한다.

가장 중요한데 간과하는 것이 있다. 우리는 책을 통해서 정보를 접하는데 그 책을 쓴 사람들은 대부분 책 쓰는 것을 업으로 하거나 그 분야에 오랫동안 노출된 사람들이라는 점이다. 그 책을 쓰기까지 충분한 시간을 투자한 사람들의 노하우를 접하는 것인데 그 노하우를 자신에게 그대로 적용하는 것은 문제가 있다. 그러니 이 책을 쓴 사람은 완벽하게 해 내는데 나는 왜 안 되는가를 자책할 필요도 없다.

물리적인 시간과 환경에서부터 내 상황에 맞는 것을 잘 선택해서 취하는 단계가 있어야 한다. 여러 방법들을 시도해 보고 맞지 않으면 폐기하거나 수정하여 나만의 방식을 만들면 된다.

사전을 찾지 않고, 빠르게 많이 읽고, 들릴 때까지 들으면 된다는 영어학습법에 나오는 노하우들과 인터넷에서 보게 된 글을 맹목적으로 믿고 따라하던 그 생각을 엎었다. 누군가의 말을 따라서 하다 보니 내 현실과 맞지 않아 좌절을 많이 겪었기 때문이다. 생각을 바꾸어 사전을 찾고 메모를 하며 읽었다. 메모방법도 자꾸 수정하며 내가 처한 현실에서 최대의 효과를 낼 수 있는 방법들을 찾아 나갔다.

등장인물의 관계를 맵을 그려가며 이해하고 단어와 표현을 정리하며 읽기 시작했다. 터지는 생각들을 적어가며 읽으니 단단해진 느낌이 들었다. 나만의 방법이 생겨가니 거리를 좁히지 못했던 나와 원서와의 관계는 달라졌다. 영어 원서가 친숙하게 느껴졌고 나에게서 뗄 수 없는 상대가 되었으며 새로운 분야의 원서 도전도 어렵지 않게 되었다.

같은 사람이라 할지라도 대학시절 나에게 통했던 외국어 학습법이 직장인이 되고 주부가 된 현실에서 맞지 않는 것은 어쩌면 당연하다. 살면서 해야 하는 일이 달라지고 여유롭게 쓸 수 있는 시간도 달라지며 세상과 책을 이해하는 힘도 변하기 마련이다.

인생과 일상이 바뀌는 과정에서 본인에게 지금 완벽하게 맞는 방식도 계속 수정해 나가야 한다. 삶의 패턴은 달라지는데 책 읽기의 기억과 습관이 학창 시절의 스타일로 고정되어 있으면 성인이 되어도 책 읽기가 어려워지고 부담스러워진다.

나만의 시간과 공간

원서 읽기를 시작했지만 직장에 다니고 아이들을 키우면서 그 취미를 유지하기는 참 어려웠다. 한 페이지를 읽지 못하니 한 달에 한 권 완독도 어려웠다. 주말이면 아이들을 챙기는 시간도 필요한데 살짝 긴장을 풀면 한 달이 몇 달이 되어 훌쩍 지나가 버렸다. 그렇게 계속 시간이 흘러만 가자 더 이상 미룰 수가 없어 결심을 했다. 새벽 4시에 기상해서 2시간은 오로지 내 시간으로 만들기로 말이다. 아이들을 일찍 재워야 했기 때문에 10시 전에는 같이 잠들려고 노력했고 새벽

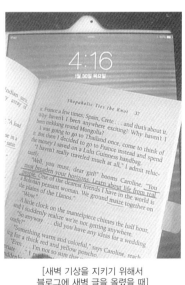

[새벽 기상을 지키기 위해서
블로그에 새벽 글을 올렸을 때]

에는 나만의 시간을 챙기기 시작했다.

솔직히 고백하자면 매일 성공하지는 못했고, 새벽 기상에 성공했다 해도 2시간을 내리 집중력 있게 원서를 읽지도 못했다. 그래도 새벽에 한 챕터라도 읽어 두면 그날은 성공이다. 자동차에서 잠시 신호 대기할 때, 엘리베이터를 기다릴 때, 약속 장소에 일찍 도착해서 기다리는 동안에도 틈틈이 계속 살을 붙여 나갈 수 있었다.

다소 계획한 양에 부족해도 새벽이면 졸린 눈을 비비고 일어났으며, 그렇게 포기하지 않고 시도한 날들이 모여 습관으로 자리 잡게 되었다. 나 혼자만의 약속이었지만 잘 지켜내기 위해서 블로그에 새벽 4시 30분 전에는 새벽 기상 글을 매일 꾸준하게 올리기도 했다.

어른이 되고, 특히 부모가 되면 나만을 위한 시간을 갖기가 어렵다. 멍 때리며 시간을 그냥 흘려보낼 수 있는 마음의 여유가 정말이지 생기지 않기 때문이다.

그러므로 책을 읽는다는 것은 자기만의 시간을 만드는 정말 중요하고 필요한 일이다. 물론 틈새 시간에도 책을 읽을 수는 있지만 짧은 시간에는 눈에 넣는 입력 작업이 대부분이다. 책을 읽고, 생각하고, 챕터를 넘나들며 길게 이해하고 정리하려면 연속적인 시간이 필요하다. 그래야 책을 펼친 순간 입력된 조각의 정보나 이야기가 시간이 흐르면서 내 안에서 소화되고 나만의 생각이 싹트기 때문이다.

그래서 의도적으로 한두 시간을 따로 떼어 놓아야 하는데 개인의 특성에 맞게 하루 일과를 다 마무리한 밤이 좋을 수도 있고, 나처럼 새벽이 좋을 수도 있다. 어느 시간이 더 중요하다고 말할 수는 없지만, 책을 실컷 읽고 생각할 수 있는 시간이 필요하다.

나의 경우 주말 오전에는 도서관이나 가까운 카페를 찾아 일주일 간 부족했던 독서를 하고, 생각을 정리한다. 어쩌면 그런 시간을 쪼개서 만드는 것이 책 읽기 취미의 시작인지도 모른다. 밤 늦은 시간 까지 야근을 해서 피곤이 쌓인 날이 아니고서는 대부분의 날을 동이 트기 전에 기상한다. 깜깜했던 것이 차차 밝게 변하는 바깥 풍경을 보면서 가족들이 곤히 자는 새벽 시간에 오늘 할 일을 미리 이것 저것 챙기며 책을 읽고 떠오르는 생각을 써 보는 시간을 즐긴다. 이런 시간을 갖지 못하고 급하게 출근해야 하는 날이 더 불안하게 느껴지기도 한다.

그렇게 시간과 노력이 들어가서 그런지 큰 글씨에 삽화가 있는 어린이 원서도 힘들어 하던 시기를 지나, 하나 둘씩 완독한 책이 늘어갔다. 더불어 잔글씨로 된 어려운 책에도 도전할 수 있는 힘이 길러졌다.

또한 시간을 쪼개는 것과 마찬가지로 공간을 쪼개는 것도 중요하다고 강조하고 싶다. 아이방 구석에 책상을 놓아서 엄마의 작업 공간을 만들었는데, 이곳은 가족들이 기상하기 전이나 틈새 시간이 생기면 파고드는 곳이었다.

의도하지 않으면 리모컨을 들고 TV에 정신을 뺏겨 시간을 훌쩍 보내게 되지만 시간이 날 때마다 갈 곳을 마련해 두면 책 읽기를 지속적으로 할 수 있다. 지금은 안방에 독서실 책상을 하나 들여 놓아 작업 공간으로 쓰고 있다. 늘어가는 책 보관 문제와 글을 쓸 작업 공간 때문에 넓은 집으로 이사 가자고 노래를 불렀더니 남편이 임

시방편으로 설치해주었는데, 이 공간이 참 마음에 든다. 아파트 베란다를 이용하든 앉은뱅이 책상에 방석을 마련하든 나만의 공간이 있어야만 한다.

나의 경우는 안방 독서실 책상을 고정적으로 쓰고 있지만, 생각해보니 한 다섯 가지 공간을 이동해 다니며 책을 읽는 것 같다. 나름대로 이름 붙인 것이 바로 '책 읽기 유목민 생활'이다. 더우면 에어컨이 켜진 카페로, 서늘하면 거실로, 추우면 다시 안방으로 가기도 한다. 계절과 날씨, 상황에 따라 다른데 가끔은 도서관에 가기도 하고, 식탁 위에 판을 벌리기도 한다.

한 공간에서만 책을 읽는 것이 집중이 안 될 때에는 여러 곳을 다녀보는 것도 좋다. 신선한 느낌이 들어서 책 읽기가 좋아지기 때문인데 그래도 결국은 우리집 안방 독서실 책상으로 수렴된다.

무라카미 하루키는 초기에 소설을 쓸 때 따로 책상이 없어 아내가 자고 나면 식탁 위에서 글을 썼다고 한다. 그 당시 소설을 '키친 테이블 소설'이라고 이름 붙였는데 그렇게 현실에서 가능한 공간을 찾아내 시작해본다. 서재가 있는 넓은 집으로 이사 가지 않더라도 내가 지금 사는 집에서 한 평 공간이라도 만들어 보자. 그런 공간이 마련되면

[일명 '키친 테이블 리딩']

자연스럽게 책 읽기에 도움이 되는 물건들이 하나 둘씩 모이게 된다. 필기구, 메모지, 포스트잇, 가위, 칼, 노트북, 사전, 독서대 등이 자석에 끌리듯 그 공간으로 모여든다.

신기하게도 나만의 공간이 만들어지면 나만의 시간이 만들어지고, 나만의 생각이 만들어지고, 현실을 좀 더 긍정적으로 보고 과거에 집착하기 보다는 미래를 설계할 시간도 자연스럽게 생긴다. 이렇게 내 공간을 마련하면 TV의 영향권에서 쉽게 멀어질 수 있고 상쾌하고 건강한 생각들을 많이 할 수 있게 된다. 그러면 평생 책 읽기 습관을 유지하고 그런 날들이 쌓이면 글을 쓸 수도 있고 길게 행복을 느낄 수 있다.

이런 공간과 시간을 마련하지 못하면 간헐적으로 드문드문 독서를 할 수밖에 없고 그러면 시간이 부족하다는 생각이 들어 지속적으로 유지할 힘을 잃게 된다.

매일 같은 시간, 같은 장소에서 연습하는 습관을 들이면 시작할까 말까에 대한 생각을 할 필요가 없고 그냥 하게 된다는 생각을 원서에서 읽어 놀란 적이 있었는데 그 문구를 소개한다.

"When you have a habit of practicing at the same time and in the same place every day, you hardly have to think about getting started. You just do." 《Grit 중에서》

어떤 일을 해 내는 것은 결국 습관의 문제인 것 같다. 해야 할 일과 하고 싶은 일이 있을 때 그 일을 어떻게 해 낼까, 즉 그 일 자체를 생각하고 고민하는 것도 중요하지만 일상을 둘러보고 시간과 공간을 쪼개어 그 작업에 집중할 수 있는 습관을 만드는 것이 중요하다. 하루 2시간의 힘을 믿고 지속해왔고 이것이 틀리지 않았음을 원서를 읽다가 확인하게 되었는데 그 문구도 소개해 본다.

"Here is the magic number. Ericsson found that these top people invested two hours per day, five days per week, to learn new skills." 《Master your time master your life 중에서》

성공하는 사람들은 일상을 살아가면서도 하루 2시간을 5일 정도는 새로운 기술을 익히는데 시간을 투자하며, 2시간 5일이라는 숫자는 마법의 숫자라고 한 표현이다. 이런 문구를 읽으면서 내가 맞게 해 오고 있음을 다시 확인받는 기분이었다.

빠르게 보다는 바르게

당연히 책은 많이 읽을수록 좋다. 하지만 빠르게만 읽는 것은 늘 경계해야 한다. 서점에 나온 책들이나 유명한 블로그에는 모국어책을 하루에 한 권 읽는 사람, 일 년에 300권 읽는 사람들이 소개되곤 한다. 솔직히 말하면 부럽기도 했고 따라해 보기도 했지만 얼마 가지 않아 그만두었다. 마치 브레이크 없는 차를 모는 것 같았고, 그런 질주가 내가 생각한 곳으로 데려다 주지도 않았기 때문이다.

독서라는 것은 중간에 경치도 보고 내 생각도 정리하며 천천히 가야 하는 여행길인데 그냥 앞만 보고 달린 느낌이라고 할까? 중간에 비바람도 만나고 멋진 햇살에 쉬기도 해야 하는데 시작과 끝만 남은 느낌이었다.

책 읽기를 시작해서 겪게 되는 욕심은 바로 '최대한 많이 읽기', '읽은 책의 권수 세서 자랑하기'며 그로 인한 부작용은 '책만 보다가 현실 미뤄두기'다.

나도 초기 단계에서는 권수 채우기에 급급했었고 그러다 보니 어려운 책은 뒤로 밀어 두고 얇은 책만 선호하였다. 당장 해야 하는 일들이 있는 현실에는 한 눈을 감아버리고 빠르게 읽을 수 있는 쉬운 책만 열심히 보는 것이 과연 맞는 것인지, 그것이 독서의 바른 역할인가 하는 고민도 많았다.

책을 많이 읽는 사람으로 인정받고 싶어서 텍스트만 쳐다보다 현실에서 해야 할 일을 미뤄서는 안 되겠다고 생각했다. 현실은 그 어떤 책보다도 많은 깨달음을 준다는 것도 알았고 해야 할 일을 미루고 책만 보는 시간만 길어지면 안 된다는 것도 깨달았다. 텍스트만 너무 욕심내지 않고 일상과 현상을 잘 읽어내는 것도 필요하다는 생각이 들었다.

책을 보며 두뇌에 입력하는 시간만큼이나 생각하고 사색하며 몸을 움직이는 시간도 중요하다는 것을 안 것이다. 오히려 빠르게 읽히는 책을 더 경계해야 하며, 나를 조금 고생시키더라도 천천히 함께하는 책이 정말 필요한 책이라는 것을 깨달았다. 그 생각은 지금도 마찬가지다.

완독을 하면 책을 읽는 동안 써 내려간 메모들을 다시 읽어 보는데 메모할 게 많아서 천천히 읽을 수밖에 없었던 책이 결국 좋은 책으로 기억된다. 술술 쉽게 읽힌 책은 그 당시에는 빠른 완독으로 자랑할 수 있어서 기분은 좋았을지 모르나 남는 것은 그리 많지 않음을 알게 되었다.

독서의 초기 단계에서 빠르게 많이 읽는 것을 자랑하는 책이 시중에 많아 보이지만, 시간이 흐르다 보면 천천히 읽자는 책도 간간이 눈에 들어온다. 그런 책에 의지하며, 천천히 읽어도 된다고 나 스스로를 다독였다. 빠르게 많이 읽는 사람들의 말을 맹신하지 않고 내 페이스에 무리가 없도록 처음부터 다시 시작했다.

작가가 수개월 혹은 수년에 걸쳐 쓴 책인데 그냥 패스트푸드 먹듯 씹어 삼키기만 하면 그만인 것처럼 하고 싶지 않았다. 정성들여 내 마음과 몸에 보약이 되도록 읽겠다고 다짐하며 다시 천천히 읽기 시작했다. 늦더라도 말이다.

가끔씩 전에 읽었던 책을 다시 꺼내 읽어 보는데, 분명 전에 읽은 책인데 새로운 책인 것만 같고 너무나 다르게 다가올 때가 있다. 왜일까? 답은 뻔하다. 빨리만 읽었기 때문이다. '난 원서 읽는 여자, 난 원서를 빨리 읽는 여자, 난 원서를 많이 읽는 여자'라고 하고 싶었던 것이다. 하지만 손에 든 모래가 술술 빠져나가는 느낌을 알아채고는 그만 두었다. 외부로 자랑하는 것 말고는 하나도 남는 게 없었고 오히려 더 공허하고 부족함만 느꼈기 때문이다. '괜히 많이 읽는 사람들에 현혹되어 나를 초조하게 만들지 않겠다.'고 다짐했다.

다른 나라와 비교한 한국인의 1년간 독서량이 뉴스에 나올 때가 있다. 어떤 책인지는 나오지 않는다. 뉴스도 그렇게 권수에만 치중한다. 우리에게는 일 년에, 한 달에, 일주일에 몇 권인가만 중요한 것 같다.

책을 빠르게 읽으려 했던 시절의 행복 중 하나는 이번 달은 몇 권을 읽었다며 결산하듯 수첩에 적고 블로그에 자랑하듯 글을 올린 것뿐이었다. 책 자체의 행복은 남지 않았고 오히려 마음은 부족하고 초조해질 뿐이었다.

　책을 읽는다는 것은 어느 순간이 되면 읽는 것 그 이상이 된다. 활자를 읽고 이해하고 입력하는 과정이 대부분이었는데 이런 과정은 조금씩 변해서 어느 문장에서는 눈길이 머물고 생각과 사색을 하게 된다. 책을 많이 읽었다고 해서 책 한 권을 읽는 속도가 급격하게 빨라지는 건 아니다. 초급 때의 독서 속도와 달라진 것이 없어 답답함을 느끼기도 하는데 그건 자꾸 내 생각이 튀어 올라와 그런 것이니 조급해 할 필요가 없다. 오히려 그런 순간 내 마음에 귀를 기울이고 나의 생각들을 메모하고 붙잡아야 한다.

　물론 완독까지 가기에는 더 많은 시간이 필요하고, 뭔가 자꾸 나를 서성이게 만들지만 그런 더딤을 즐기게 되었다. 그러다 보면 나만의 속도와 흐름이 생겨 차근차근 글도 쓰게 되는 것 같다.

　쉽게 빨리 읽히는 책은 자랑할 것이 아니라 경계해야 한다. 빨리 읽힌다는 것은 작가의 생각이 나와 별반 다르지 않고, 머물게 하는 문구도 없고 신경 쓰며 알아야 하는 정보도 없는 책이라는 말이기 때문이다. 하루에 한 권 뚝딱 읽을 수 있는 책에 왜 나의 귀중한 하루를 주어야 하는 건가를 고민하며 읽어야 한다.

　나 나름대로 빨리 읽히는 책을 조심하자는 생각을 늘 가지고 있고 어려운 책을 기피하지 말자고 마음먹는 편이다. 내용도 좋은 책인데 작가가 아주 잘 써서 쉽게 빨리 읽혀진다면 일부러라도 몸에 힘을 빼고 더 천천히 읽으려고 노력한다. 쉽고 빠르게 읽히는 책도 천천히 읽어서 내게 바른 영향을 미치고 좋은 책으로 만드는 것이 중요하다.

천천히 읽어 보고 쏟아지는 생각을 나중으로 미루지 말고, 그때 그때 써 보는 것이 좋다. 시간을 별도로 내어 쓰자고 덤비면 절대 안 써진다. 이 책의 대부분의 글은 독서 중에 쓴 메모와 생각들을 모은 것이다.

천천히 문장에 머무르며 읽다 보면 생각하게 되고 쓰게 된다. 생각을 정리하고 쓰다 보면 막연한 덩어리였던 것이 정돈되는 기분이 든다. 그래서 천천히 읽으며 적어 보고 수정해보는 그런 시간을 즐긴다.

왜 영어 원서인가?

학교와 학원을 벗어난 후 영어를 매일 쓰지 않는 환경에 있는 성인에게 영어 공부란 밑 빠진 독에 물을 붓는 격인지도 모른다. 외우고 익힌 표현이 머릿속에 들어오자마자 스르르 빠져나가기 때문이다. 그래서 우리의 영어는 늘 제자리인지도 모른다. 하지만 이걸 해결하려고 매일 학원 수강을 할 수도 없고 모두가 유학을 떠날 수도 없다. 그렇다면 새어나가는 속도를 이겨낼 수 있을 정도로 많은 input이 있어야 하는데 재미도 있는 것이 무엇일까? 나는 학원에 다닐 형편도 되지 못했던 그때 국내에서 영어 실력을 높이거나 유지하는 데는 다양한 장르의 원서책을 읽는 것이 답이라고 생각했다.

열심히 원서를 읽으면 차고 넘치도록 input을 늘려나갈 수 있고 그런 과정에서 나만의 방식을 깨우치게 된다. 그 노하우는 밑 빠진 항아리 구멍을 메워주어 사르르 사라지지 않고 계속 넘쳐 흐르게 해 준다. 외국어를 공부하고자 하지만 매일 교실에 앉아 수업을 받을 수 없고 회화를 나눌 원어민을 계속 만날 수 없다면 책을 정해서 재미있게 읽는 길밖에 없다고 생각했다. 돌이켜보니 의식적으로 공부하듯 접근한 것은 아니었지만 실력은 분명히 유지되거나 성장한 것 같다.

영어라고 하면 문법이나 시험 영어를 떠올리지만 그것 말고도 영어의 바다는 넓다. 그중에서 원서를 읽는다는 것은 색다른 세상을 만나는 것이다. 익숙한 것에서 잠시나마 탈출하고 다른 사람의 인생을 잠시 들여다보며 다른 시대를 경험한다. 그런 간접경험 과정에서 느낀 감동과 슬픔이 생생하게 살아 책에서 경험했던 감정들을 되새기며 힘을 주기도 한다.

새로운 분야의 원서를 읽기 시작하면 고생스럽기는 해도 완독 후에는 정말 생각의 부피가 커졌다는 것을 느낀다. 그리고 무엇보다 원문을 읽는 재미가 있는데 이것은 번역서에서는 느낄 수 없는 매력이다. 이것 때문에 어렵고 더딘 작업이지만 원서를 읽게 된다. 일종의 라임이나 말장난 같은 것들이 자주 나오는데 이런 글을 번역서에서는 어떻게 살렸을지 궁금할 정도다.

예를 들어, "The environment is filled with flaw and flowers, and we each decide which to embrace." 《What I wish when I was 20 중에서》 라는 문장은 정말 재미있다.

"세상은 결점과 꽃으로 가득차 있고, 어떤 것을 받아들일지는 우리 각자가 결정한다."는 뜻으로 좋은 점과 나쁜 점이 많이 공존하는 세상에서 무얼 받아들여야 할지에 대한 문구다.

이 문장에서 'flaw'는 '결함', 'flower'는 '꽃'으로 번역된 우리말 문장을 읽어도 좋다. 그러나 대등하게 알파벳 f로 시작하면서 발음도 비슷하지만 반대의 의미로 쓰인 'flaw'와 'flower'를 비교하며 읽는 맛이 있다. 이런 문장을 만날 때는 영어의 묘미 같은 것이 느껴지고 원서의 매력에 빠지게 된다.

하나 더 소개하자면 "I was so nervous that the butterflies in my stomach were more like pigeons flying around my insides." 《Wonder 중에서》라는 문장에서도 재미를 느낄 수 있다.

이 문장을 읽을 때 말장난 때문에 피식 웃음이 났다. 'butterfly in the stomach'은 뱃속에 나비가 파닥거리듯 '긴장해서 가슴이 두근거린다'는 표현인데, 두근거리는 수준보다 더 강하게 긴장을 하니 나비가 마치 비둘기처럼 느껴진다는 것이다. 이런 느낌을 살리며 번역하는 것이 과연 가능할까? 이럴 때는 영어 원문 그대로 읽는 맛이 있는데 이런 영어다운 표현을 읽을 때 느끼는 그 생소하고 짜릿한 재미 때문에 영어 원서를 읽는지도 모르겠다.

영어 원서를 읽는 이유에 대해 좀 더 솔직히 얘기하자면, 부끄럽고 속물로 보이겠지만 '있어 보이는 것'도 있다. 취미가 책 읽기라고 하면 독서가 취미인 상대는 관심을 보이지만 대부분의 사람들은 그런가보다 넘기고 대화는 더 진행되지 않는다.

그런데 '저는 영어 원서 읽는 걸 좋아해요.'라고 하면 상대방의 눈동자는 반짝거린다. 영어에 한을 품은 사람이라면 더욱 적극적으로 묻는다. "뭐라고요? 원서를 읽는다고요?" 해리포터 시리즈를 완독했다고 하면 상대의 눈은 더 커진다. 그리고 호기심 가득한 얼굴로 이것저것 묻는다. 이런 반응을 바라고 취미를 유지하는 것은 아니지만 상대가 흥미롭게 관심을 가져주는 것도 기분 좋은 일이긴 하다.

제주도에서 그 섬에서도 도심지도 아닌 동쪽 끝 시골마을에서 나고 자라 뭐 하나 특별할 것 없는 평범함 사람이 영어 원서를 읽는다는 것이 신기한 일인가보다.

나의 취미에 관심을 보이는 상대의 반응에도 기분 좋지만 카페나 도서관에서 원서를 읽거나 후기를 올리는 혼자만의 작업도 고독한 감동의 재미가 있다. 외로운 읽기와 쓰기지만 지적 허영을 채우는 기분 좋은 느낌이다.

하나 더 욕심을 낸다면 엄마의 책 읽는 모습을 통해서 아이들에게 독서는 재미있고 평생 할 수 있는 좋은 취미라는 것을 알려주고 싶은 마음에서다.

세상은 점점 경쟁과 분노로 가득 차고 있다. 그럴수록 왜 살아야 하는지, 어떻게 살아야 하는지, 다른 인생들은 어떠한지를 우리 아이들도 책속에서 얻은 지혜로 이겨나가기를 바라는 마음이다.

영화나 학원 강의가 아니라 영어 원서로 영어를 배우는 가장 중요한 이유는 무엇보다 내가 주도적으로 할 수 있기 때문이다. 강의를 듣거나 영화관에 가서 영화를 보는 것은 중간에 내 생각을 일시정지해서 정리하기 어렵고 일방적으로 받아들이는 작업이므로 불편한 마음이 든다. 그래서 영어 원서 읽기나 집에서 DVD를 보는 것이 주식이라면, 영화관 영화나 강의는 간식의 느낌이다. 원서 읽기는 장소와 장르를 불문하고 읽고 생각하고 메모할 수 있다.

꾸준히 나를 감시하는 친구 - 블로그

이렇게 꾸준하게 원서를 읽고 책까지 낼 수 있었던 힘은 블로그 의 시작에 있었다고 생각한다. 제주도라는 섬 지역에서 원서를 읽는 사람을 찾기 어려웠고, 내 실력이 누군가를 가르치기에는 부족했다. 오프라인 모임에 두려운 마음이 있던 나는 인터넷이라는 공간을 통해서 비슷한 관심을 가진 사람들을 만나는 것은 큰 매력이었다. 내가 읽은 원서에 대한 후기 포스팅을 누군가가 지켜본다는 것만으로도 자연스럽게 감시자가 생기는 것이라서, 미루지 않고 꾸준하게 하는 힘이 생겼다.

어떤 글에 오류가 있다고 바로 잡아주는 댓글이 올라 온 적이 있었는데 그럴 때면 어디선가 슈퍼맨처럼 등장하는 실력파 이웃들에게 정말 고마움을 느낀다.

또한 원서 읽기 고수들의 블로그를 찾아보는 것만으로도 큰 도움이 되고 원서에 대한 새로운 정보도 많이 접할 수 있다. 영어 원서

[블로그 초기 화면]

읽기가 취미이자 특기인 블로거들은 우리나라뿐만 아니라 전 세계에 흩어져 있고, 그러한 즐거움을 함께 느끼며 이웃 블로거와 나눠왔다. 그런 분들에게는 선호하는 작가가 있기 마련인데 그런 정보들이 다 소중하고 큰 도움이 된다.

세상에는 꾸준히 다양한 분야의 원서를 읽는 분들이 많고 그들의 후기를 읽고 따라서 책을 구입하기도 하는데, 그들의 블로그 속 책장을 둘러보는 것도 큰 기쁨이다. 그런 블로그를 발견할 때는 보물섬을 찾은 듯 가슴이 콩닥콩닥 뛰기도 한다.

처음 블로그를 만들었을 때는 방문자가 한 자리 수였다. 읽은 책에 대한 후기, 책을 읽다가 만난 좋은 문구나 재미있는 표현들을 일기 쓰듯 올리다 보니 방문자도 점차 늘었다. 내면의 생각들이 자라면서 글이 좋아지고 내 생각에 공감하고 힘을 얻는다는 사람들도 많아졌다. 그러한 글을 읽으며 더 힘을 내어 꾸준히 글을 올리게 되었다.

블로그를 통해서 잊고 지냈던 여고 동창생과 연락이 되는 신기한 일도 일어났고, 집에서만 읽는 단절된 독서 활동을 넘어 외부와의 소통은 더 활발하게 느껴졌다.

나 혼자 재미있고 기쁜 일이었던 블로그가, 좋은 문장과 생각을 나누면서 함께하는 공간이 되었다. 나의 마음과 눈길을 끄는 문장을 보고 나누고자 하는 마음이 있었기에 가능한 일이었다. 일방적이었던 블로그가 점차 양방향 소통이 되는 것이 느껴지는데 나 혼자만의 사이버 책장이었다가 점점 이웃들과 소통하는 사이버 카페가 되고 있다. 고생해서 만든 단어장들도 공개하기 시작했다.

책을 읽는 것도 드문 요즘에 원서를 읽는다는 것은 정말 외로운 일인데 내가 겪었던 고민을 누군가도 하고 있을 거라는 생각에 메모해 두었던 자료를 제공하기도 했다. 《Magic Tree House 28권》이 단연 인기로 여러 권의 자료가 있으니 필요하신 분께 도움이 되길 바란다.

지금 읽는 책, 지금 듣는 음악, 좋은 사람들과 함께 먹는 맛있는 음식, 키우고 있는 동물, 육아, 여행 등 다양한 주제로 글을 올리는 블로거들이 많다. 책을 읽는 것은 고독한 혼자만의 작업이기 때문에 눈에 보이지 않아도 마음속으로 연결된 인연으로 소통하는 것이 도움이 된다. 짧은 글을 써보는 것에서부터 시작해 비슷한 취미를 가진 이웃분들과 함께하며 배움을 지속하다 보면 그저 흘러가는 일상에도 생각이 민감해지는 것을 느낀다. 평상시라면 그냥 지나쳤을 법한 장면이나 누군가의 말도 글쓰기 소재가 되고, 기억하고 기록으로 남기고 싶어진다.

요즘은 스마트폰 카메라의 성능이 좋아서 사진을 찍고 간단한 글을 올리는 것이 어렵지 않으니 더 편해진 셈이다. 짧은 글이라도 적다 보면 더 큰 즐거움이 되고 어느 하루라도 행복하지 않은 날이 없다는 걸 알게 된다. 그리고 무엇보다 중요한 것은 블로그에 뭔가를 선언해 놓으면 주변에 아무도 없어도 그것을 지키고 싶은 마음이 생겨 더 열심히 하게 된다.

완독에 대한 2가지 의미

영어 원서 완독에 대해서 궁금해 하는 질문이 많았다. 영어 원서가 아니라도 책 읽기를 시작하면 완독을 어떻게 정의 내릴지가 늘 고민이 된다. 나는 읽기로 했다면 완독하려고 노력한다. 어떤 사람들은 완독하지 않아도 되고 비소설의 경우 중간부터 읽어도 된다고도 한다. 나는 완벽주의자는 아닌지만 성격이 까칠한지 처음부터 끝까지 읽어내는 것을 좋아한다. 읽다 만 책이 있으면 마음에 부담이 돼서 책 읽기가 전체적으로 재미없어지기 때문이다.

완독하고 나면 그 책을 읽을 때 썼던 메모를 다시 들쳐보고 책장에 꽂아 두는데 그때 뭔가 어려운 일을 해냈다는 짜릿함이 느껴진다.

나에게 있어 완독은 2가지 의미가 있다. '지금 당장이냐 아니면 나중에라도'의 문제인데, 첫 번째로 지금 펼친 책을 쉼 없이 읽어 덮는 완독이 있다. 두 번째는 일단 후퇴했다가 일정 시간동안 나와 대치하며 조금 쉬운 책을 읽어 나가면서 실력을 쌓은 후 다시 읽는 완독이 있다.

두 번째의 경우는 실패나 포기가 아니라 다른 책을 읽어 가며 잠시 후퇴해 실력을 키워 다시 도전하는 것으로, 더 빠르고 더 바르게 그 책을 완독하는 방법이다.

'완독하지 않아도 독서다.'라는 말은 나와는 맞지 않았는데 독서란 글자에서 얻은 정보나 이야기도 중요하지만 시작한 것을 마무리했다는 사실도 중요하기 때문이다. 완독하지 않고 단편적으로 읽을 거라면 인터넷 검색이 더 빠를 수 있다.

하지만 내게 있어서 독서는 책 속의 정보를 얻는 것만은 아니다. 시작하기에 앞서 표지를 읽고, 내내 들고 다니면서도 나를 긴장시키고, 그 다음 이야기가 어떻게 될까 궁금해 미치도록 하는 모든 것이 포함된 것이다. 그러다가 마지막에 와르르 풀리면서 마무리하고, 적었던 메모를 다시 보며, 지난 며칠간 나의 고민을 다시 읽어보고 책장에 꽂아 두는 그런 일정이 다 포함된 것이다.

책을 읽고 느끼고 치열하게 고민하는 것을 모두 포함한 것이라서 사전을 찾듯이 정보를 찾아 중간에 들추고 그냥 덮는 것은 어딘지 모르게 책 읽기가 아닌 것만 같다.

줄리아 로버츠가 주연한 영화의 원작으로 표지가 예뻐서 도전했던 《Eat Pray Love》라는 원서는 글자가 작고 이혼녀의 심리를 처음부터 우울하게 드러내서 1챕터에서 일단 포기했었다. 그런데 신기하게도 1년이 채 되지 않아 블로그에서 '같이 읽는 이달의 원서'로 리드할 수 있을 만큼 편한 책이 되었다.

책을 여러 권 동시에 읽는 건 어때?

이 질문도 정말 많은데, 대답부터 하자면 나는 책을 동시에 읽지 못한다. 물론 가방에는 책을 2권 이상 가지고 다닌다. 하나는 지금 읽고 있는 책이고, 다른 책들은 그 다음에 읽을 책이다. 이렇게 현재의 1권과 미래의 두어 권을 가지고 다니면 그중에 모국어책이 들어가게 되는데 모국어책은 영어 원서를 꺼내기 민망한 곳에서 훑어보기 좋다.

지금 읽는 책 말고도 다음에 읽을 책까지 가지고 다니는 이유는 지금 읽고 있는 책을 빈둥거리며 읽지 못하도록 하기 위함이다. 다음에 읽을 책까지 가지고 다니면 해리포터에서 등장하는 소리치는 책(howling book)처럼 자기도 읽어 달라고 아우성을 치는 것 같아 자꾸 신경이 쓰인다. 하지만 그 순서는 지키는 편이다. 먼저 읽은 책은 먼저 완독해서 그 가방을 떠나 책장으로 보낸다. 그리고 새로운 책이 들어오는 것이다.

책을 좋아하는 사람들의 이야기를 읽다 보면, 거실에, 화장실에, 자동차에, 가방 속에, 직장 책상 위에 각각 다른 책들을 두고 동시에 여러 책을 읽는다고 한다. 물론 나도 따라 해 봤는데 책을 읽고 서평을 써야 하거나 독후감을 써야 하는 숙제가 있지 않고서야 동시에 여러 권의 책을 읽는 것은 정말 나와 맞지 않았다.

책 말고도 나의 일상은 집안일, 육아, 회사일, 모임, 회식 등 다이나믹하게 흐르고 시작한 일을 마무리 못해 마음이 바쁜 날도 많았기 때문이다. 하루의 일정이 나의 스타일과 다르다면 동시에 여러 권의 책을 읽는 것이 맞을 수도 있겠지만 나는 지금 하나에 충실한 것이 마음 편하다.

어떤 책을 읽다가 멈춘 데는 그만한 이유가 있다. 어휘가 어렵거나 배경지식이 부족해 쉽게 이해되지 않는 것인데, 그 문제를 그냥 두고 다른 책을 읽는다고 원래 문제가 사라지거나 해결되지 않는다.

책 한 권을 읽기 시작했는데 다른 책이 읽고 싶어지는 것은 처음 읽은 책에 흥미가 다소 떨어졌어도 권수는 채우고 싶은 욕심 때문인지도 모른다. 그 책이 어느 고비에서 어렵게 느껴지는 것은 지금 그 책을 후다닥 덮고 다른 책을 보라는 신호가 아니라, 좀 더 공부하고 생각하며 에너지를 내 보라는 신호일 수도 있다. 그러니 성급하게 다른 책으로 이동하지 않는 것이 좋다.

완독에 대한 글과도 상통하는데 아침에 조금이라도 책을 읽어 두면 부지불식간에 일상에서도 그 문구와 내용들이 툭툭 생각이 난다. 그러면 아침에 우연히 들은 노래를 하루종일 흥얼거리게 되는 것처럼 책에서 읽은 문구가 생각이 나며 사색하게 되는데 이런 재미는 한 권의 책을 꾸준히 읽을 때 나오는 것 같다.

영어 원서를 읽어 보자

내 수준은 어린이 원서

중학생 때부터 영어를 공부했고 대학교에 다닐 때도 토익을 준비했지만 영어 원서를 읽겠다고 결심했을 때 나의 영어 실력은 딱 '유아용 챕터북' 수준이었다. 솔직히 말하면 이 책도 무척이나 어려웠다.

단어를 영어와 한국어 일대일 대응으로 외우고, 시험에 나오는 문법과 단어만 공부하고, 네모상자 안의 글만 독해하고 문제를 풀어왔으니 당연한 일이었다. 수준을 낮추고 낮춰 고른 원서는 어린이 원서로 《Magic Tree House》였는데, 주인공 Jack과 Annie가 시간 여행을 가는 것도 황당했고 신문지 같은 종이 질감과 흑백 그림들도 어색하기만 했다. 고백하자면 어색했다기보다는 너무 어려워서 얇은 한 권을 일주일 내내 들고 다녀도 완독하지 못했다. 1권 《Dinosaurs Before Dark》은 하도 이해가 안 돼 4회독을 하기도 했다. 그 이유는 눈으로는 글자를 읽고는 있는데 머릿속으로 그림이

[Magic Tree House 시리즈]

그려지지 않아서였다.

그래도 이 책에 자꾸 손이 간 이유는 전치사의 쓰임과 장면 연상에서 재미를 느꼈기 때문이다. 학창 시절에 전치사를 그렇게 중요하게 배우지 않았는데 이 책에서는 동사와 어울려 동작을 선명하게 그려주었다. 'up, down, far, away' 등의 단어들이 동사와 함께 쓰일 때와 'on, of, into' 같은 전치사들이 의미구를 만들어 낼 때 머리로 이미지를 그려내는 것이 꽤 재미있었다.

예를 들면, 'climb'이라는 단어는 '오르다, 등산하다'라는 상승의 이미지로만 알고 있었지만 'Then he and Annie climbed down the ladder.'라는 문장에서는 'down'이라는 하강의 이미지를 가진 단어와 어울려 사다리를 타고 내려오는 장면에서도 쓸 수 있다는 것을 알게 되었다. 의미구에 대해서는 'The mouse vanished into the tall grass on the other side of the stream.'이라는 문장을 읽으면서 생쥐가 풀 속으로 사라지고 냇가 반대편으로 달아나는 장면을 그리는 훈련을 자연스럽게 할 수 있었다. 우리말로 매끄럽게 해석하는 것이 어색하긴 해도 의미구별로 장면의 이해를 충분히 연습할 수 있었다.

게다가 회화 시간에 자연스럽게 뱉어낼 수 없는 표현들이 참 많았다. 말 그대로 영어다운 표현들을 익힐 수가 있었던 것인데 'He pushed his glasses into place.' 같은 문장들이 그렇다. 이 문장은 흘러내린 안경을 제대로 쓰는 장면을 묘사한 것인데 안경을 밀어서 제자리로 돌린다는 표현이다. 막상 읽어 보면 쉬운 단어들로 되어 있지만 우리가 영어로 표현하기에는 어려운 것인데 이미지로 이해하면 유쾌하고 선명해지는 재미가 있었다.

하나 더 소개하자면 'Jack squeezed his eyes shut.'으로 이 문장은 눈을 질끈 감을 때 쓰는데, 오렌지 주스를 짤 때 나오는 표현 'squeeze'를 쓰니 신기하기도 하고 신선했다. 이런 표현은 이 책 하나에서만 나오는 것이 아니라 다른 책에서도 자주 볼 수 있었다. 그런걸 보면 우리가 얼마나 시험에 내기 좋은 용법과 단어만 외웠는지 알게 된다. 어린이용 영어 원서를 통해 진짜 영어를 다시 시작하는 느낌이 자주 들었다.

내 실력은 토익 시험을 보고 영어 잡지를 읽는 수준이 아니라 '유아 수준'이라고 인정하고 모르는 단어도 찾아가며 열심히 읽었다. 빨리 두꺼운 원서의 페이지를 넘기며 감동받고 싶었지만 내 영어 실력을 인정하고 가장 낮은 바닥부터 시작했다. 갈 길이 멀고 마음이 바빠질 때마다 긴 안목으로 가려고 노력했다.

이 시리즈는 국내에서도 인기가 많아 책도 쉽게 구할 수 있고 더욱 좋은 것은 저자(Mary Pope Osborne)가 직접 읽어주는 오디오북 CD가 있다는 점이다. 발음뿐만 아니라 끊어 읽는 지점을 제대로 익힐 수 있고 감정을 넣은 대화와 흥미진진한 배경음악 덕분에 재미있게 들으면서 읽을 수가 있어서 좋다.

시간이 흘러 다시 《Magic Tree House》 시리즈를 꺼내 보았는데, 영어 원서를 읽기 시작했을 때는 참 힘들었지만 이제는 많이 좋아진 것을 느낀다. 그때는 일주일이 가도록 1권을 완독하는 것이 힘들었으나 이제는 책을 펼치면 그 자리에서 완독할 수 있으니 많이 성장한 것 같다. 오디오북을 들을 때면 아이들도 흘려들을 수 있도록 틀어 놓았는데 아이들도 단어에 많이 익숙해진 것 같다.

엄마가 한 권 한 권 소중히 읽고 밑줄 그으며 공감하고 메모했던 책들, 엄마가 어려워하며 공부했던 단어와 표현들을 내 아이들이 공유해 줄 생각을 하니 쉬운 책에서 시작한 것이 그렇게 억울하지만은 않고 오히려 기분이 좋기도 하다. 내가 적어둔 단어 정리나 생각 메모들을 아이들이 어느 순간 펼쳐줄 것이라 생각하면 낮은 단계에서 하나하나 올라 온 것이 오히려 다행이라고 느껴진다. 쉬운 책에서 시작하는 것은 창피한 것이 아니라, 함께 나눌 공감대가 넓어지고 다양해지는 긍정적인 면도 많은 것 같다.

여전히 주니어 소설

유아용 책 28권 시리즈를 읽는 중에도 종종 다른 책에 대한 갈증을 느끼곤 했다. 원어민 성인들이 읽는 책이나 영화가 유명한 작품들을 읽고 싶은 마음이 들었다. 영어 원서를 읽기 시작하면 《Harry Potter》, 《Tuesdays With Morrie》, 《The Devil wears Prada》 같은 책을 읽고 싶다는 욕심이 생긴다. 물론 나도 시도해봤지만 다시 책장에 꽂아놓을 수밖에 없었다. 내가 그 다음에 읽을 책은 조금 큰 아이들 책인 주니어 소설이었던 것이다.

《Charlie and Chocolate Factory》, 《Matilda》, 《Number the Stars》, 《Holes》, 《Because of Winn-Dixie》, 《Charlotte's Web》, 《Sarah, Plain and Tall》처럼 100페이지 내외로 하나의 스토리가 완성되고 주인공이 여러 명 등장하기 시작하는 이런 책에 익숙해져야 했다. 영어 원서 읽는 카페나 책에서는 《Harry Potter》를 초급용이라고 소개했지만 나에게는 여전히 어렵기만 했다.

긴 이야기를 등장인물 혼란 없이 읽는 능력도, 상상의 세계로 두뇌가 확장하는 힘도 아직은 모자란 느낌이었다. 이렇게 중간 단계의 청소년 소설을 읽고 이해하는 습관이 잡힌 다음에야 400페이지 이상 가는 어른 책도 읽을 수 있었다.

욕심 부리지 않았다. 유학을 가본 적도 없으니 아이들 책을 읽는 것이 정상적인 것이라고 자꾸 마음을 다독였다. 다행히 아이들을 키우는 엄마로 아이들의 내면을 이해할 수 있어서 좋았고, 내가 읽었던 책을 내 아이들이 읽어줄 거라 생각하니 그렇게 힘든 시간만은 아니었다.

주니어 소설의 특징은 10대인 소년, 소녀가 주인공인데 동물이 등장하기도 하고 또래와의 일상을 아이들의 시선으로 잘 보여준다는데 있다. 이성과의 첫사랑을 겪기도 하고 부모를 잃거나 가난한 가정에 태어나 인기도 없지만 바르게 성장하는 이야기가 많다. 또한 아이들의 시선을 통해서 어른들의 잘못을 지적하는 것도 놓치지 않는다. 대부분 대화체로 이야기가 전개되어 회화 실력을 높이는 데에 좋고, 내면을 말하는 자기 독백 부분도 있어서 어렵고 깊게 읽는 단계로 가기 전에 읽기 좋다.

　이미 성장한 어른으로서는 잘 모르는, 혹은 경험했지만 잊어버린 일상들을 아이들의 시선으로 다시 들여다 볼 수 있는 장점도 있다. 글씨체나 크기만 봤을 때는 쉽게 보이지만 사실 읽다 보면 그렇지만도 않다. 뻔한 스토리 같으면서도 긴장감 있게 구성하고 다음 이야기가 어떻게 펼쳐질지 궁금하게 만들어 놓아 스릴도 있다.

　원서를 읽는다고 하면 《위대한 개츠비》, 《동물농장》, 《제인 에어》 같은 문학책을 읽는 것을 연상하지만 사실 독서를 시작하고 유지할 수 있도록 자극하는 이전의 단계가 굉장히 중요하다. 이런 주니어용 책들을 많이 읽게 되면 서서히 관심 분야도 넓어지고 자신의 리딩 레벨을 자꾸 올리고 싶어진다. 그래서 쉬운 유아용 챕터북이나 주니어 소설들이 어려운 문학 작품을 읽게 해주는 교량 역할을 해주는 것이다.

　이렇게 얇은 청소년 소설들을 읽게 되면 스트레스를 덜 받아 공부라는 생각을 하지 않고 가볍게 원서 읽는 시간들이 모이게 된다. 외국어를 배우는 것은 즐거운 경험이며 행복한 것이라는 생각이 자

연스럽게 들어 그
취미를 계속 유지
하고 싶고 높은 단
계에 도전하고 싶
어진다.

아무리 쉬운 책
이지만 한 문장이

[뉴베리 소설]

라도 공감을 하고 밑줄을 긋게 되는 부분은 나오기 마련이다. 영어 책이니까 몰랐던 단어를 알게 되기도 한다. 그래서 쉬운 책이라도 도움이 된다고 믿고 있다. 다만 그걸 찾아내는 눈이 필요한 뿐이다. 유명한 베스트셀러, 어려운 고전을 통해서도 많은 것을 배울 수 있 겠지만 나는 유아용 동화나 주니어 소설에서도 많은 것을 배웠다.

참고로 주니어 소설을 읽게 되면 '뉴베리상 수상작'이라는 표현을 자주 접하게 된다. 뉴베리상은 해마다 미국 아동문학 발전에 가장 크게 이바지한 작가에게 주는 아동 문학상으로 미국에서 가장 오래 되었다. 수상자에게는 메달을 수여하기 때문에 '뉴베리 메달'로 더 잘 알려져 있다.

18세기 영국의 서적 상인이었던 존 뉴베리(John Newbery)의 이 름을 따서 그를 기리기 위해 제정된 상으로 '뉴베리 상(Newbery Awards)'에는 '뉴베리 메달상(John Newbery Medal)'과 '뉴베리 아너상 (Newbery Honor Book)'이 있다. 뉴베리 메달상은 1위를 한 책이고, 비록 1위는 못했어도 작품성이 좋은 책에는 뉴베리 아너상을 준다. 그런데 읽다 보면 뉴베리 아너상 수상작이 더 재미있는 경우도 많다. 소개하는 책 중에서 200페이지 안팎의 책은 대부분 뉴베리상 수상작이거나 또는 수상 작가의 다른 책인 경우가 많을 것이다.

한국계 미국인 작가 Linda Sue Park이 쓴 우리나라 고려 시대의 고려청자 이야기를 다룬 《A Single Shard》가 2002년에 이 상을 수상하였고, 우리나라에는 《사금파리 한 조각》으로 번역된 바 있다. 우리나라의 일제 시대를 소녀의 눈으로 본 《When My Name Was Keoko》와 수단 내전과 살아남는 데 필수적인 물에 대한 이야기 《A Long Walk to Water》도 쓴 바 있다.

내 나이까지는 최강

특별한 법칙이 있는 것은 아니지만 원서를 처음 펼치면 내 나름대로의 약속이 있다. 두 챕터, 한 40페이지 정도까지는 정독에 정독을 하는 것이다. 숫자를 쓰고 보니 내 나이와 비슷해서 기억하기에도 좋은데 원서를 읽다 보면 초반 몇 챕터 정도의 도입부가 정말 중요하다는 것을 알게 된다. 등장인물, 배경, 단어의 수준을 파악하고 큰 틀을 잡을 수 있는 아주 중요한 부분이기 때문이다. 물론 이렇게 정독을 하려면 답답하고 찾아야 할 단어도 많아진다. 그렇지만 이 부분에서 모르는 단어는 빠짐없이 찾아야 하고 충분히 이해해야 한다. 함부로 페이지를 넘기지 말아야 한다.

급한 마음에 대충 읽으면 분명 뒷부분에서 그만두게 된다. 하지만 처음 부분을 꼼꼼히 읽다 보면 슬슬 느낌이 오고 재미있어지는데 그러면 다음 이야기가 궁금해지기 시작한다.

반대로 처음부터 무턱대고 읽기만 하면 100페이지쯤 와서 등장인물이 다 섞이고 앞에서 복선으로 던져준 것을 이해하지 못했으니 사건의 실마리가 뭔지도 모르고 자꾸만 1페이지에서부터 다시 읽게 되거나, 도중에 포기하게 된다. 그러니 첫 두 챕터는 2배의 시간을 들여서라도 더 천천히 제대로 읽기를 권한다. 그래야 다음의 이야기를 정확하게 이해할 수 있다.

원서 읽기가 어려운 이유가 바로 이 단계에 있다. 첫 두 챕터에 많은 에너지가 들어가고 빨리 페이지를 넘기고 싶은데 그럴 수 없으니 답답함을 이기지 못하는 것이다. 모국어책과는 다르게 영어 원서를 읽을 때는 인물의 영어 이름, 낯선 도시, 모르는 단어, 독특한 작가의 문체에 동화되어야 하는데 그게 습관이 되지 않다 보니 자꾸 원서 읽기를 실패하게 된다.

반대로 첫 두 챕터가 내게 다가오면 손가락 부러지게 사전을 찾는 수고로움도 다 참아내며 읽게 된다.

독서에도 강약이 필요하다. 두 챕터만큼은 정말 '최강'이다. 초반 한두 챕터를 제대로 이해하고 시대적 배경과 단어 수준을 파악하고 나면 나머지는 술술 날아다닌다. 이야기는 '기-승-전-결'로 흐르겠지만 우리가 쏟아야 하는 에너지는 '최강-강-약-강'이다. 마지막이 다시 '강'인 이유는 결말에서 그동안 읽은 이야기들을 잘 종합하기 위해 조금 더 에너지를 내야 하기 때문이다.

40이라는 숫자는 지극히 개인적으로 잡은 것이다. 내 마음대로 내 나이만큼은 에너지를 쏟으며 속도에 욕심 부리지 않겠다는 나만의 다짐이다. 이 정도까지 읽어 보면 끝까지 읽을 수 있을지 없을지 감이 온다. 이 단계는 나와 읽을 책과의 궁합을 알아보는 단계이기도 하다. 아직 실력이 부족한데도 어려운 책에 도전한다고 한 달 내내 씨름하듯 가지고 다니기만 하면 원서 읽기에 대해 부정적인 감정만 쌓인다.

나 역시도 《To Kill a Mockingbird》를 읽을 때 어린소녀 Scout의 시선에서 풀었기에 재미있고 쉬울 줄 알았다. 하지만 당시 미국 사회의 배경과 언어, 인종 차별이라는 사회 문제를 잘 알지 못하고서는 아무리 단어를 열심히 찾아도 쉽게 이해할 수 없다는 것을 알고는 중단한 적이 있었다. 아쉽지만 책장에 꽂아 두었고 시간이 흘러 읽으니 완독할 수 있었다.

40페이지 정도까지 읽어 보면 단어 수준과 플롯이 어떤지와 계속 읽으면 재미가 있을지 고생이 될지 알게 된다. 그러므로 앞부분에 깊은 애정을 쏟아야만 한다. 손에 잡힌 책이라고 해서 다 읽을 수 있는 것은 아니다. 문법과 단어 실력 외에도 배경지식이라는 것이 도와주어야 원서 읽기가 재미있어지고 작가의 의도까지 읽을 수 있기 때문이다.

세상에는 재미있으면서도 스트레스 받지 않고 내 영어 실력을 단단하게 해 주는 책이 얼마든지 많이 있다. 성인이지만 뉴베리 성장 소설만 읽으면 어떤가? 누군가에게 어려운 원서를 읽었다고 자랑하려고 원서를 읽는 것이 아니라 내가 행복하고 영어 실력도 높이기 위해서 읽는 것이니까 괜찮다. 스트레스가 오는 정도라면 살짝 미뤄두어도 좋다. 좀 더 근육이 붙으면 그 책도 읽을 수 있게 된다.

기분 좋은 분량

책 읽기 노하우 책들을 보면, 다들 작가가 최대로 읽는 양을 얘기하지만, 읽기도, 쓰기도 초보인 내가 말하고 싶은 것은 최소한의 양이다. 책을 읽다 보면 '이 정도 읽으면 좋다.'라는 나만의 분량이 만들어진다. 직장을 다니고 해야 할 일을 하면서도 하루에 채우면 기분 좋아지는 분량이며 너무 오래 책을 보지 않으면 불안해지는 그런 분량이다.

책을 읽는 것이 눈과 두뇌만 쓰는 행위인 것 같지만 사실 체감 같은 게 있다. 무라카미 하루키는 그의 책에서 '실감'이라는 단어를 자주 쓰던데 이는 리듬이라고 할 수 있다. 나의 경우 한 시간에 원서는 15페이지, 모국어책은 30페이지 정도를 읽는 편이다. 물론 주제나 분야가 어려워지면 3분의 1 수준으로 속도가 떨어지기도 하고 청소년책을 읽게 되면 같은 시간이라도 두 배의 분량을 읽기도 한다. 즉 원서로 보자면 한 시간에 10페이지를 읽지 못하는 수준의 책도 있고, 30페이지를 읽는 책들도 있는 것이다.

처음에는 얇은 책들로 시작했기 때문에 하루 2시간 정도 시간을 내서 일주일에서 열흘이면 한 권의 책을 읽었다. 직장에 다니며 아이들을 돌봐야 했고 책 읽기에 익숙하지 않은 때여서 열흘에 한 권을 채우는 것으로 시작했다. 일주일에 한 권이라고 욕심부려 봤는데 자꾸 완독 시기가 미뤄졌던 것으로 보아 그때의 나의 완독 주기는 아마 열흘이었고 기분 좋은 분량도 그렇게 시작했던 것 같다.

꾸준히 취미를 유지해 오는 과정에서 하루에 읽으면 기분 좋은 분량은 점차 커져갔다. 원서의 경우 쉬운 책은 하루에 100페이지를 넘게 읽는 날도 있지만 생소한 분야의 경우에는 30페이지를 채 못 읽는 경우도 있었다. 이렇게 책의 내용과 난이도에 따라 내가 읽어 기분 좋은 분량이라는 것이 달라진다.

어떤 책이든 하루에 읽을 수 있는 양이 고정되면 비슷한 난이도 와 주제의 책만 고르게 된다. 그래서 내가 읽는 기분 좋은 분량은 늘 바뀌는 것이며, 책마다 완독 시기도 다 다르다고 인정하는 것이 유연하게 책을 읽는 습관이기도 하다.

처음 원서 읽기를 시작하시는 분들은 보통 100페이지 이내의 책 으로 시작하기 때문에 하루에 10페이지 정도면 열흘에 한 권을 읽 을 수 있을 것이다. 나도 이렇게 한 권을 일주일 이상 들고 다니면 서 이해력과 속도를 차근차근 높여 왔다. 물론 지금도 진행중이다. 《Sapiens》나 《Me Before You》 등 분량이 많고 생소한 분야의 책은 2주일이 넘게 걸리기도 했다.

기분 좋은 분량이라는 것이 천천히 읽는 것이지만 아무리 두꺼운 책이라도 2주는 넘기지 않는 것이 좋다. 이해하는 속도가 2주를 넘 기기 시작하면 그 책은 나중에 읽어야 하는 책일 수 있다. 왜냐하면 책 한 권을 읽는 동안에 많은 일들이 일상에서 벌어지는데 그러면 이야기가 흐려지고 감동도 덜하기 때문이다.

그래도 그 끝이 궁금해서 한 달을 들고 다니며 완독하는 책이 있 기도 하다. 그럴 때는 감동보다는 후련함이 더 오래 남기도 한다.

외국어를 익힐 때에는 하루에 내가 할 수 있는 최대의 분량을 잡 지 말고 최소의 분량을 잡는 게 성공할 확률이 높아진다. 이는 원서 를 읽거나 책을 읽는 데에도 적용되는데, 최고의 분량을 욕심내어 잡으면 열심히 했어도 늘 부족하다는 생각을 심어주고, 자신에 대해 불만이 생기게 된다. 그러다 보면 빨리 지치고 하기 싫어진다. 100% 달성하겠다고 세운 계획인데 부족한 느낌과 불만이 쌓이면 시간이 남는 날에도 계속 미루며 0%가 되는 날도 많아진다. 하루 분량에 부담을 느껴 아예 손대지 않고 미루어 버리는 것이다.

마음이 급하고 욕심이 생겨 하루에 달성하고 싶은 분량이 100이라고 한다면 그 목표를 확 떨어뜨려 40으로 잡는 것이 좋다. 일단 시작에 대한 부담이 없어지기 때문에 일과를 시작하기 전에 조금이라도 읽어둘 수 있고 하루 종일 바쁜 가운데도 틈이 나면 책을 펼칠 수가 있다. '조금만 달성하면 성공이다!'라는 기분을 느낄 수 있기 때문에 부담을 덜 느끼게 된다. 그러다 시간과 체력이 남는 날이 있는데 그때는 신나게 씽씽 달릴 수도 있다. 욕심나는 최대의 분량이 아니라 만만한 분량을 채우는 것은 평생 독서가가 되는 데에도 지속적인 힘을 주기도 한다. 모국어책이든, 원서든 혹은 외국어 공부든 적은 양이라도 성취감을 달성하는 것이 중요하다.

제목이 멋지고, 다들 재미있게 읽었다며 추천하는 책을 시작했는데 하루의 분량이 두뇌를 피곤하게 하고 나의 일상을 흔들어 놓을 만큼의 에너지가 필요한 책이면 일단 덮어 두기도 한다. 그리고 아직 읽지 못한 책을 모아 둔 책장에 같이 꽂아 두고 지금껏 해왔듯이 조금 쉬운 책을 읽는다. 하지만 이 책만큼은 완독하고 싶어서 고집스럽게 읽은 책도 있다.

《Steve Jobs》가 그랬고, 《Sapiens》와 《The Book Thief》가 그랬다. 그 책들은 더 큰 에너지가 필요했지만, 자꾸 다음 페이지가 읽고 싶고 끌어당기는 매력이 있는 책이었다. 분량보다는 스토리가 중요한 셈인데 그런 경우에는 일주일을 밤잠도 설치며 읽기도 하고 책의 감동과 더불어 고생까지 함께 기억나는 책이 되기도 한다.

최소한의 분량을 잡는 이유는 일정량을 꾸준하게 읽어야 문장에 대한 이해가 깊어지고 일상 속에서도 자꾸 생각이 나서 생각을 발전시키고 안목도 좋아지기 때문이다. 주말에 100쪽을 몰아서 읽는 것보다 평일에 20쪽씩 나눠서 읽는 것을 권하는데 흐름을 지속할 수 있고, 일상에 녹아들어 다른 일도 잘 해낼 수 있게 도와준다.

너무 두렵다면 번역서가 있는 책으로

최종적인 목표는 번역서가 들어오지 않은 영어 원서를 바로 읽는 것이지만 초반에는 국내에 번역서가 있는 원서를 읽는 것이 좋다. 우리가 이제껏 영어 공부를 해 온 습관을 돌아보면 우리말 해석이 있고 우리나라에서 제작된 교재로 실력을 쌓아왔다. 이것은 촌스러운 것이 아니라 굉장히 중요한 요소다. 초반에는 이렇게 영어 문장을 보고 제대로 이해했는지 확인할 수 있는 재료가 있어야 하기 때문이다. 그래야 최종적으로 번역서가 없는 영어 원서도 오해 없이 제대로 이해할 수 있게 된다.

초기에는 영한대역 시리즈를 챙겨 보거나 번역서가 있는 원서를 함께 보는 것도 좋다. 물론 번역가들도 영어 원문에 일대일로 대응해서 번역하는 것이 아니고, 문장의 흐름상 조금씩 뒤틀어서 우리 정서에 맞게 번역하기 때문에 그것이 틀렸다고 고민할 필요도 없으며 100% 똑같이 번역되지 않았다고 스트레스 받을 필요도 없다.

그래도 대부분 원문에 충실하게 번역하기 때문에 몇 문장이 이해가 되지 않는다고 해도 번역이 있는 원서를 읽으면 많은 도움이 된다.

그것마저도 어려우면 우리말 해석이 딸려 있는 독해문제집을 보는 것도 좋다. 문제를 내기 위해서 어느 한 부분만을 발췌한 것이라 글이 재미는 없지만 문장의 의미를 바르게 이해하고 있는지 훈련하기에 좋다. 내가 알고 있는 문법 지식과 단어 실력을 총동원해서 문장을 바르게 이해하는 습관을 들이면 번역서가 없는 원서도 바르게 읽게 된다. 게다가 번역서가 있는 책의 장점은 번역 부분을 보고 영어를 예측해보는 한-영 영작 훈련도 가능하다는 데에 있기도 하다.

이 책에서 계속적으로 강조해 왔듯이 우리는 대한민국에 살면서 영어도 잘하는 사람이 되는 것이므로 모국어와 함께 가는 것이 좋다. 우리말도 조리있게 잘하고 영어도 잘하는 것이 중요하다는 것인데 영어 원서를 한 100권쯤 읽었을 때 그런 생각이 들었다.

영어 원서를 읽는다는 것은 그 나라의 문화와 생각을 읽어내는 것이다. 내 나라에서 내 언어에 대한 생각과 문화를 많이 접해 본 사람이 외국어도 잘 습득하게 된다고 믿는다.

영화야 도와줘

국내에서 인기 있는 베스트셀러 원서들은 대부분 영화로 제작된 경우가 많다. 대표적으로 《Harry Potter》나 《Martian》, 《The Devil wears Prada》가 그렇다. 원서를 읽다 보면 자연스럽게 영화로도 관심이 가게 되고, 그 반대로 영화를 보다가 원서를 찾게 되는 경우도 있다. 해리포터가 영화 없이 책만 세상에 나왔다면 이런 인기를 누리지 못 했을 것이라고 생각한다. 영화 속 영상의 여운 때문에 원서를 읽고 싶은 마음이 생기고, 그 반대로 원서를 읽다가 선명한 장면을 기억하고 싶어서 영화를 보게 되는 경우도 있다.

원서에서 장면이 생생하게 그려지지 못한 부분은 영화가 많이 보완해주고, 영화에서 연결이 부자연스러운 것과 짧은 시간에 놓쳤던 것들은 원서를 읽다 보면 퍼즐이 맞추어지듯 연결이 되는 경우가 있다.

해리포터에서도 영화로 1편을 볼 때 비바람 치는 날에 왜 해리와 해리 이모네가 창고 같은 집으로 가는지 몰랐다. 마법학교 호그와트에서 온 편지를 피하려고 이모부가 우체통 구멍을 막아 봐도 굴뚝을 타고 편지가 쏟아지니 집배원이 올 수 없는 외딴 곳으로 간 것이라는 것을 책을 읽고 알게 된 것이다. 이렇게 각 장면마다 이유가 있음에도 빠르게 지나가다 보면 이해를 못하고 지나치게 되는데 그럴 때 원서가 많은 도움을 준다.

이렇게 영화와 원서는 상호보완적인 관계라고 할 수 있다. 원서를 먼저 읽고 영화를 보는 경우에 스토리를 다 아는 것이라서 지루할 거라 생각할 수도 있지만 꼭 그렇지만도 않다. 좋은 작품의 경우 책을 여러 번 읽거나 영화를 여러 번 봐도 재미가 있듯이 그 둘을 서로 오가며 여러 번 읽거나 보는 것도 나름 매력이 있다.

원서에서 글로 묘사된 인물이 어떤 배우로 나오는지, 작가가 글로 표현한 장면을 감독이 어떻게 연출했는지, 내가 상상한 인물이 어떤 배우로 캐스팅 되었는지 그 배우들의 실감나는 연기를 보는 재미가 있다. 《Martian》과 《Me Before You》는 원서를 먼저 읽고 영화를 본 경우인데, 배우들이 어찌나 잘 맞아 떨어지는지 책을 읽고 영화를 보는 것이 스포일러로 느껴지는 것이 아니라 더욱 친근하게 다가왔다. 무엇보다 영화에는 영화 음악이 있어서 원서의 감동을 더욱 높여주는데 이건 정말 매력적이다.

원서의 오디오북이나 영어 뉴스, 토익 듣기 영어는 한두 사람의 목소리를 들려주는 방식으로 정확한 발음과 깔끔한 목소리가 대부분이다. 거기에 익숙하다 보면 조금 빠르거나 영미권 출신이 아닌 사람이 하는 영어 말투, 다양한 목소리 톤에 노출되지 못하게 되고, 익숙하지 않은 목소리로 말하는 영어에 거부감을 느끼게 된다. 이럴 때는 다양한 인물의 목소리, 발음과 억양을 경험할 수 있는 영화가 도움이 된다.

원서가 먼저인가 또는 영화가 먼저인가에 대한 정답은 없다. 《Dead Poet Society》는 10대 학생일 때 본 영화가 기억에 남아 책을 찾아 읽은 경우고, 《Eat Pray Love》는 책을 읽고 영화를 찾아 본 경우다. 무엇을 먼저 하든 스토리를 알고 있는 상태라서 손에 땀을 쥐게 하는 두근거림이나 스릴, 다음 스토리가 어떻게 될까 하는 기대감은 떨어질 수밖에 없다.

이전에 읽은 원서 혹은 먼저 본 영화가 스포일러 역할을 하기 때문인데, 하지만 뭔가 명쾌해지는 기분을 느낄 수 있고 스토리가 정확해지거나 잘 몰랐던 표현들이 들리기도 한다. 좀 더 가까워지는 느낌이 든다.

원서를 먼저 읽고 영화를 보는 경우 책에서는 텍스트로만 설명된 인물의 캐스팅, 대화체, 말투, 영화 음악, 실감나는 장면, 구어적인 표현에 중점을 두어서 보면 좋다. 영화를 먼저 보고 원서를 읽는 경우에는 영화에서 시간관계상 살리지 못하고 생략해버린 부분, 영화에서 다르게 각색한 부분, 영화에 등장하지 못한 조연들을 비교해 가며 읽으면 좋다. 원작의 긴 호흡을 느껴보는 것인데 이 글을 쓰다 보니 다시 해리포터가 보고 싶고 읽고 싶어진다.

　영화나 미드로 영어 공부를 하는 방법 중에 자막을 보지 말고, 이해가 안 돼도 그냥 보라고 하는 방법이 가장 힘들었다. 안 들리는데 2시간 안팎의 영상을 그냥 본다는 것은 인내심으로만 버틸 수 있는 일이 아니었다. 들어본 적도 없는 표현, 읽어본 적도 없는 표현을 반복해 듣다 보면 신기하게도 저절로 들리는 일은 나에게는 결코 일어나지 않았다. 기본이 부족한 상태에서 자막 없이 받아쓰기는 더 힘든 일이기도 했다.

　영화도 영어 원서처럼 접근했다. 영어 더빙에 영어 자막으로 눈과 귀를 다 영어에 노출해서 오디오북을 들으면서 원서를 읽는 것과 같은 방식으로 영화를 보았다. 그런데 모르는 단어가 나오거나 문장을 눈으로 읽었는데 그 장면이 잘 상상되지 않을 때는 일시정지해서 단어를 찾아보거나 그 뜻을 생각해 보고 메모하기도 했다. 원서 읽을 때와 같은 방식으로 진행했는데 메모지와 필기구가 필요하고 이번에는 리모컨도 챙겨야 한다.

　말하는 속도로 바로 이해하기 어려운 표현이나, 새로운 표현, 그리고 외워두고 싶은 표현이 나올 때는 일시정지하고 적어본다. 그런 다음에는 자막이 없어도 잘 들린다. 그렇게 영화도 보고 읽은 리스트를 추가하다 보면 다양한 목소리에 적응이 되고 더 잘 들을 수 있다. 본 영화가 한 편 두 편 늘어가고 표현을 정리한 메모가 많아지고 그것을 익히다 보면 새로운 영화를 봐도 귀가 뚫리는 느낌을 받게 된다. 표현이 반복되기도 하고 그 속도로 읽고 듣는 것이 습관이 되어서 거부감이 줄어들기 때문이다.

고전은 나중에, 통속 소설 먼저

영어 원서를 읽는다고 하면 《톰 소여의 모험》, 《제인 에어》, 《동물농장》, 《젊은 베르테르의 슬픔》처럼 번역서로 접했던 고전들을 영어로 읽는 것이라고 생각하기 마련이다. 나 역시도 그랬다. 영어 원서라는 단어를 듣는 순간 셰익스피어 작품집 같은 영문학을 떠올리는 것이다. 하지만 영어 원서를 처음 접하고, 영어영문학을 전공한 적이 없다면 조금 다르게 접근하는 것이 좋다. 어린이 챕터북에서 장면을 그리는 연습을 하고, 주인공이 점점 늘어가며 문장의 길이도 제법 길어지는 주니어 소설을 읽는다. 바로 고전을 읽고 싶은 마음이 들어도 참고 영화가 있는 원작 소설을 읽는 것이 좋다.

왜냐하면 초반에는 글로 표현된 것을 가지고 장면을 그리는 것이 쉽지 않기 때문이다. 영화의 영상을 도움 받으면 원서 읽기도 훨씬 수월해진다. 물론 《악마는 프라다를 입는다》, 《빅 피쉬》, 《파퍼씨네 펭귄들》처럼 원작과는 영화가 다소 다르게 전개되는 경우도 있지만 그래도 영상이 있으면 도움이 된다.

아직 익숙하지 않은 단계에서 추천드릴 것은 일상에서 쉽게 일어날만한 일들을 소재로 한 소설을 읽는 것이다. 흔히 통속 연애 소설이라고 하는 원서들인데 이런 소설은 직장에서의 대화, 일상에서의 표현이 풍부하고 대화 문장도 짧게 구성되어 부담 없이 읽기에 좋다.

20~30대 여성이 영어 원서를 추천해 달라고 할 때면 권해주는 Sophie Kinsella의 《Can You Keep A Secret?》 같은 소설은 영어 원서를 키득키득 웃으면서 읽을 수 있게 만들어준 아주 고마운 책이다. "너 이빨에 뭐 꼈어!" "You've got something stuck between your teeth!" 같은 문장이 많이도 쏟아진다. 회화책으로 익히려고 해도 도저히 접할 수 없는 일상 대화들이 책 속에 가득해서 읽을 때마다 웃으며 읽게 된다. 또 상황과 심리에 대한 묘사가 솔직해서 공감이 잘 되어 다시 꺼내 읽기도 하는데 다시 읽어도 재미있다. 스토리를 아는데도 재미있는 부분에 앞서 먼저 웃음이 나기도 하니 이 책은 정말 나의 완소 아이템이다.

세상에는 깔깔거리고 웃게 만들고 눈물 흘리며 공감하게 만드는 소설들이 참 많다. 내용이 너무 딱딱하지 않고 당장이라도 일어날 것 같은 일들로 구성된 소설을 읽다 보면 자연스럽게 회화도 늘어가는 것을 느낄 수 있다. 말과 마차를 타고 다니고, 하녀가 입혀주는 드레스 입는 시대의 글은 욕심이 나도 잠시 뒤로 미루는 것이 좋다.

머릿속으로 장면을 그리는 연습을 충분히 하고 영상을 접하며 상상해보는 습관을 키우고 나서 도전하는 것이 좋다. 지금 우리가 고전이라고 부르는 것들도 사실 그 시대의 연애 소설인 경우가 많은데 그런 면에서 우리는 나중에 고전이 될 현대의 통속 소설을 읽는 것이 맞는지도 모르겠다.

바꿔 생각해 보면 우리도 한국어를 배우고 싶은 외국인에게 현대의 이야기인 《풀꽃도 꽃이다》와 같은 있음직한 재미있는 책을 먼저 권하게 될 것이다. 결코 《태백산맥》이나 《칼의 노래》처럼 역사 소설을 처음부터 외국인에게 권하지는 않을 것이다. 외국어를 배우는 우리도 마찬가지다. 일상을 다룬 소설에서부터 시작하고 확장하는 것이 좋다.

영화 및 일상생활을 다룬 소설을 읽다 보면 영어회화 실력도 크게 향상하는 것을 느낄 수가 있다. 시중에는 각 상황이나 장소에서 쓸만한 대화들로 구성한 회화책들이 많이 나와 있다. 경험상 그런 상황에 있다 해도 책에 나온 대로 질문을 해 주는 원어민이 많지 않고, 다 외웠다고 해도 외운 표현대로 내가 말할 수 있는 상황이 완벽하게 펼쳐지지 않는다.

회화책은 그런 대화가 오고 갈 수 있는 확률 중 하나를 뽑아서 책으로 구성한 것이라서 모두를 커버할 수가 없다. 또한 토익 리스닝 테스트처럼 질문하고 대답하며 간단하게 끝나는 대화도 많지 않다. 계속 대화가 오가는데 처음에는 잘 알아듣다가도 말이 길어지면 정신이 하나도 없게 된다. 그렇다면 회화 실력을 어떻게 길러야 할까? 매일 영어를 말하고 쓰는 기회가 부족한 나라에 살고 있기 때문에 등장인물의 대화가 현실에서 일어날 법한 소설을 읽는 것이 도움이 된다. 자연스럽게 장면을 상상하고 대화를 이해하니 회화 실력도 저절로 성장하는 것을 자주 경험하게 된다. 이때는 소리내서 읽는 연습이 중요하고 주인공처럼 연기하듯 읽어 보면 장면도 기억에 오래 남고 발음도 좋아진다.

원서를 생활에서 접근하도록 도움을 주고 싶어 블로그 '같이 읽는 이달의 원서'를 통해《Can You Keep A Secret?》,《Eat Pray Love》, 《Tuesdays with Morrie》를 진행했었다. 원서에 도전하고 싶지만 혼자 읽기 외롭거나 이해가 잘 안 돼 어렵다고 생각하시는 분들은 블로그 글을 참고하며 읽으셔도 좋겠다.

한 작가의 책을 여러 권 읽어 보자

영어 원서 읽는 노하우를 가르쳐주는 책이나 인터넷에서 본 자료에는 한 작가의 책을 한꺼번에 읽으라고들 하는데 시도해 보니 그렇게 쉽지가 않았다. 책 한 권을 읽고 나면 다양한 책의 권수를 채우고 싶다는 욕심이 생겨 전혀 다른 스타일의 책이 자꾸 읽고 싶어졌다. 한 작가의 200페이지 정도 분량의 책을 읽고 그 작가의 또 다른 책 300페이지를 더 읽으면 분명 다른 책인데도 불구하고 괜히 500페이지짜리 두꺼운 책을 읽은 것처럼 피곤함을 느끼기도 했었다. 두뇌에서도 원서를 길게 읽어본 경험이 없어서 그런지 추가적으로 비슷한 정보가 들어오는 걸 막는 것 같은 기분이 들기도 했다.

그래서《Harry Potter》도 2권에서 멈춰 있었고, Roald Dahl의 시리즈도 유명한 책 몇 권만 읽고는 다른 책은 눈길을 보내기만 하며 미뤄두기도 했었다.

그렇지만 연달아서는 아니더라도 한 작가의 책을 여러 권 읽는 것을 추천한다. 비슷한 주제로 여러 작가의 책을 읽는 것보다, 나는 이런 방법이 더 좋았다. 더 큰 에너지가 필요하지만 같은 작가의 책을 연달아 읽다 보면 확실히 성장하는 것을 느낄 수가 있다. 어휘가 반복되는 경향이 있고 등장인물들도 연결이 되어 자연스럽게 길게

[좋아하는 작가 Colleen Hoover의 책들]

이야기를 유지하는 힘이 생기기 때문인데 마음의 준비를 하고 이번
엔 성공하겠다고 작정을 하고 도전해 보는 것도 좋다.

　원서를 읽다 보면 자연스럽게 선호하는 작가가 생기고, 시리즈물
이 아니라 해도 좋아하는 작가의 책을 한 권 두 권 추가적으로 사
모아 읽게 된다. 이것은 원서 읽기 또는 책 읽기라는 취미 속 또 다
른 취미라고도 할 수 있다.

　책장을 둘러보니 모국어책이나 번역서에서는 조정래, 김훈, 유시
민, 김미경, 박웅현, 이지성, 무라카미 하루키의 책이 여러 권 보인
다. 영어 원서는 Colleen Hoover, Daniel Steel, Elizabath Strout, J.
K. Rowling, Roald Dahl, Malcom Gradwell에서 많이 겹치는 것
같다. 좋아하는 저자의 책을 읽어 한 권 한 권 추가하고 책장 어느

한 부분이 그 작가의 책들로 채워질 때 독서 취미가 이제 좀 궤도에 오른 기분이 든다. 이렇게 되면 그 작가의 신간이 나올 때에는 예약 구매를 하게 되는데 그렇게 새로운 책을 기다리는 것도 책 읽기의 또 다른 재미이자 행복이기도 하다.

할 수 있다면 작가의 책을 연달아 읽으면 좋지만, 시간을 두어 읽게 되더라도 그 전에 책을 읽을 때 만들어 놓았던 메모의 힘을 빌리면 좋다. 시간이 흘렀지만 메모지에 적어 둔 내용들이 기억을 되살려주기 때문에 시간의 격차를 좁혀주고 연달아 읽는 기분을 느낄 수 있다. 이렇게 한 작가의 책을 추가할 때마다 같이 붙여서 책장에 정리해 둔다. 그렇게 하나하나 한 작가의 책이 늘어가는 걸 보는 것도 참 흥미롭다.

그러다 보면 얀 마텔의 번역서인 《파이 이야기》라는 책과, 그 책의 원서인 《Life of Pi》와 이 작가의 또 다른 번역서인 《각하, 문학을 읽으십시오》가 같이 책장을 차지하는데, 번역서와 영어 원서가 엉키며 자리 잡고 있는 것이 재미있기도 하다. 가만히 보면 한 작가의 여러 책들은 다른 작가의 책들에 뒤지지 않으려 하는 듯 계속 자기 작가의 권수를 늘려달라고 나에게 신호를 보내는 것만 같다.

한 권의 책을 읽고 또 다른 책을 읽다 보면 그 작가들에게 영향을 준 책이나 작가가 자연스럽게 소개되는데, 그런 책들을 잘 메모해 두었다가 챙겨 읽는 것도 좋다. 그러다 보면 내가 좋아하는 작가에게 영감을 준 더 위대한 작가에게 관심을 가지게 되고 점차 확장하게 된다. 이런 과정을 지속하면 선호하는 작가가 점차 늘어나고 그 작가의 책도 늘어가면서 원서 읽기가 단단해지고 즐거워진다.

책을 추천해 주세요

블로그를 방문하시는 분들이 자주 부탁하는 것은 바로 책을 추천해 달라는 것이다. 그런데 책 추천이 나로서는 정말 어렵다. 책에 대한 흥미나 취향은 정말이지 주관적인 것이라서 베스트셀러라고 해도 나에게 맞지 않을 수 있고 다들 재미없는 책이라고 해도 나만은 감동을 느낄 수 있기 때문이다. 그리고 책을 고르는 취향은 독자의 나이, 성별, 직업, 성장 과정 등이 모두 좌우하는데 그래서 책 추천을 해달라고 하면 어떻게 해야 할지 늘 고민이다.

모국어책이든 원서든 딱 한 권만이라도 완독하는 순간 자연스럽게 읽고 싶은 다른 책이 등장하기 마련이다. 책을 쓴 작가의 책을 따라가며 읽든, 그 작가에게 영향을 준 또 다른 작가의 책을 따라가든, 혹은 그 책에서 언급해준 책을 따라가든 그 다음 읽을 책이 계속 나온다. 그러니 어떤 책을 추천받으려 하기 보다는 일단 손에 잡히는 책 한 권을 읽는 것이 오히려 빠른 방법일 수 있다.

처음에는 어떤 책을 선택해서 읽을까 걱정이지만, 읽기 시작하는 순간 오히려 읽고 싶은 새로운 책이 자꾸만 쏟아진다. 고구마 줄기를 캐듯 줄기를 따라서 읽고 싶은 책이 계속 나오지만 그 책들을 모두 살 수는 없다. 시간과 공간이 한정되어 있기 때문에 나처럼 느리게 읽는 사람은 쏟아지는 책의 양이나 속도에 가끔 어지러울 때도 있다. 다 구해 읽고 싶은 욕심은 생기는데 일상이 그 속도를 맞추지 못하기 때문인데 이때에도 책을 읽으며 해 둔 메모가 도움이 된다.

일단 책을 읽게 되면 흐름에 맞게 단어를 찾기도 하고, 필사도 하고, 생각도 쏟아내는 메모지가 있고, 소설의 경우는 등장인물 메모가 추가된다. 흐름을 적어 보는 메모지에는 새롭게 알게 된 단어처럼 책과 음악도 소개 되는대로 적어본다. 음악은 그 자리에서 찾아 듣기 시작하고, 책은 메모를 해 두어 나중에 책 구입에 참고한다.

책속에서 추천한 책들을 차곡차곡 적어 보고 반복이 되는 것은 별표도 해 두고 그 리스트안에서 선별해 구입하곤 한다.

그런데 '책 제목–작가' 방식으로 적어 두면 나중에 이 책을 왜 메모했는지 알쏭달쏭하게 된다. 그래서 순식간에 적는 메모라고 할지라도 '책 제목–작가–그 책에서 추천하는 이유'를 간략하게 적어 두는 것이 좋다.

아이들 책이었던 《There's a Boy in the Girls' Bathroom》에서 선생님이 아이들에게 선종(Zen)에 대해서 설명하는 장면이 나오는데 《Raise High the Roof Beam》이라는 책이 등장한다. 그러면 'Raise High the Roof Beam–Carpenters by J.D. Salinger–호밀밭의 파수꾼(Catcher in the rye) 작가의 다른 책, 선종(Zen)에 관한 것'이라고 메모해 두는 것이다. 그러면 Salinger의 책 두 권을 기억하게 되고 차후에라도 읽게 된다.

어떤 책이든 한 권을 읽는 동안에 또 다른 책들이 쏟아진다고 했는데 바로 이런 거다. 소설책의 경우 이야기 속에서 등장인물이 좋아하는 책이 언급되는데 그 책들은 소설 속 책장을 차지하며 분위기를 만들어주고 작가는 무심한 척 이름을 툭 던져준다. 예를 들면 《The Book Thief》의 작가인 Markus Zusak의 또 다른 책 《I am the Messenger》는 장난기 가득하고 흥미진진한 책이다.

등장인물 중에는 죽은 남편을 60년간 기다리고 있는 치매 할머니 Milla가 나온다. 이 할머니가 주인공 Ed에게 책을 읽어 달라고 부탁하는 장면인데, 할머니가 가진 많은 책 중에서 가장 좋아하는 책을 추측해서 읽어줘야 한다. 이때 등장한 것이 바로 《Wuthering Height》였다. 제목이 어려워 그냥 지나칠 법도 한데 책을 메모하는 습관이 있어서 메모하며 검색해 봤는데 《Wuthering Height》은 중학생 때 독후감을 쓰려고 읽었던 《폭풍의 언덕》의 영어 원서 제목이었다.

이렇게 어떤 작품 속에서 스치는 것이 그 다음 읽을 책이 되곤 한다. 읽고 싶은 책은 국내 드라마를 보다가도 소개되면 메모를 해 둔다. 《The miraculous journey of Edward Tulane》이라는 책은 《별에서 온 그대》 드라마를 보다가 도민준이 들고 있는 책을 메모해 놓고 원서로 구입해 읽었던 책이기도 했다.

영어 원서에 대한 정보를 더 알아보려면, 첫 번째로 인터넷 서점 베스트셀러를 조회해 보는 것이 좋다. Yes24, 교보문고, 알라딘, 인터파크 등 인터넷 서점 원서 코너에 자주 들어가 보는 것인데 원서의 경우 개봉된 영화의 원작 소설을 비롯해서 한국인이 좋아하는 스토리들이 상위권을 차지하는 경향이 있다. 상위 랭크 100개 정도를 가끔씩 들어가 보는데 내가 읽은 느낌과 서평을 비교해 보기도 하며 가격을 확인하고 요약 스토리를 읽어 보며 구입하기도 한다.

두 번째로 원서를 읽는 사람들의 모임인 인터넷 카페나, 블로그를 수시로 방문하는 것도 좋다. 제목과 작가에 익숙해질 수 있고 내가 읽은 책과 비교해서 후기를 참고할 수도 있어서 좋고 또한 원서를 열심히 읽는 독자들로부터 큰 자극을 받을 수 있어서 좋다.

내가 블로그에 읽은 책을 올리면 어디선가 그 원서를 읽은 독자들이 나타나서 그 작가의 또 다른 책이나 비슷하게 감동을 받은 다른 책을 추천하기도 하는데 신기하기도 하고 고맙기도 하다.

세 번째로 번역서가 유명한 책을 원서로 도전하면 좋다. 《모리와 함께한 화요일》, 《연금술사》, 《파이 이야기》, 《해리포터 시리즈》, 《앵무새 죽이기》, 《미 비포 유》, 《오베라는 남자》, 《창문 넘어 도망친 100세 노인》 등은 번역서로 사랑받는 책들인데 이런 책들을 영어 원서로 읽으면 실패하지 않는다. 모국어냐 영어냐의 차이점이 있을 뿐 사람들이 재미를 느끼고 감동하는 스토리에는 어느 정도 공통분모가 있기 때문이다. 이런 책들은 스토리를 알고 읽는다고 해도 원문은 어떻게 쓰였는지 문체나 표현에 집중하며 읽으면 더 명쾌해지고 색다른 감동을 느낄 수도 있다.

네 번째로는 인터넷 서점 어플 속 장바구니를 활용하는 것이다. 일상생활을 하다가 메모해 둔 책들은 보통 장바구니에 추가해 둔다. 모든 책들을 구입할 수는 없지만 그래도 빈번하게 추천되는 책들은 기록했다가 구입하면 어느 순간부터는 내가 책을 찾아 나서지 않아도 책이 나에게 오는 느낌을 받게 된다. 이렇게 저장해 두면 다음에 책을 구입하거나 도서관에서 빌릴 때에 큰 도움이 된다. 세상의 베스트셀러가 아닌 나만의 베스트셀러 리스트가 만들어지는 것이다.

이렇게 읽어라 저렇게 읽어라 하는 잔소리는 그냥 무시하는게 좋다. 무얼 읽을까 고민만 하다가 시간을 보내기 보다는, 그냥 닥치는 대로 아이들 책이면 아이들 책대로 읽으면 된다. 도전해 보고 싶었지만 지금 수준으로서는 말도 안 되는 책이라도 그 나름대로 그냥 도전하면 된다. 뛰어난 글도, 뛰어나지 않은 글도, 내가 써도 이 정도는 쓰겠다 싶은 낮은 수준의 글도, 어떻게 하면 이렇게 쓸 수 있을까 정말 대단하다 싶은 글도 이것저것 읽다 보면 내게 맞는 글을 알아보게 된다. 닥치는 대로 읽다가 갑자기 어느날 내 눈길을 잡는 책을 만나는 것이다. 경험으로 보면 확률이 20분의 1 정도 되는 것 같다. 그러니 내게 딱 맞는 책 한 권을 기다리느니 수준이 무엇이 되었든 일단 지금 한 줄 한 페이지 한 권을 읽는 것이 중요하다.

맛집이라고 하는 식당이 나에게 맞지 않을 수 있고, 다들 괜찮다고 하는 여행지가 나와 맞지 않을 수 있듯이 책도 마찬가지다. 누군가의 추천이 완벽할 수 없는 것이 책 읽기다. 다들 손가락질 하는 책이 나에게는 더없이 큰 즐거움을 주고, 반대로 베스트셀러가 실망을 주기도 하니까. 블로그에서도 추천해 달라고 해서 그 사람의 연령과 직업을 대강 짐작해서 어떤 책을 소개해 주면 그 책은 별로라고 답장이 온다. 맛집보다도 더 주관이 뚜렷한 것이 책인데 누군가의 추천을 요구하기 보다는 많은 시도를 통해 나에게 맞는 취향을 찾아나가는 것이 중요하다.

귀로 읽는 즐거움 - 오디오북

외국어는 읽기, 듣기, 말하기, 쓰기 4가지 영역을 골고루 잘해야 한다고들 한다. 그런데 나의 경험으로는 '읽기'가 먼저라는 생각이 드는데, '읽기-듣기-말하기-쓰기'로 확장하는 것이 편하게 느껴졌다.

읽기를 우선적으로 두는 이유는 텍스트를 눈으로 보고 빨리 읽어

내서 이해하는 습관이 중요하기 때문이다. 또한 눈으로 봐서 그 뜻을 이해하지 못한다면 그 글을 귀로 들어 제대로 이해하는 것은 더욱 어렵다. 눈으로 읽으면서 머릿속으로 장면을 연상하는 연습이 되어야 귀로 들어도 피곤함이 없었다.

잘 모르는 내용을 한 시간 정도 듣고 있으면 잠이 그냥 솔솔 온다. 잠시 졸고 나면 다 끝나 있는데, 한두 번도 아니고 매번 그랬다. 특히 나는 받아쓰기(Dictation)는 정말 구역질 날 것 같았는데 되돌리기를 수십 번해도 무슨 소리인지 들리지가 않았다. 그 표현을 모르기 때문인데 이런 상황에서는 백번을 반복해도 소용없었다.

영어가 재미없어졌고 포기하고 싶어졌다. 그 대신 눈으로 읽기 시작한 원서책들과 관련있는 오디오북을 구해 듣기 시작했다. 눈으로는 텍스트를 읽고 귀로는 소리를 읽는 방법을 택한 것으로 눈으로 읽으며 장면을 그리는 습관을 들이니 오디오북 듣기가 재미있어졌다.

처음에는 텍스트를 보면서 듣는 것이 좋다. 물론 익숙해진 지금도 텍스트를 보면서 듣기도 하고, 오디오북만 듣기도 하지만 처음에는 같이 해 나가는 것이 좋다. 그 속도를 잘 유지하면서 머릿속으로 장면을 그려내는 훈련을 해야 한다. 이해가 잘 안 되는 부분에서는 일시정지하거나 되돌리고, 생생하게 장면을 그려가며 읽고 들어야 한다. 초기에는 뉴스나 영화보다는 아이들이 읽는 챕터북이 좋은데 처음부터 정확한 발음과 억양, 끊어 읽는 지점에 익숙해지는데 도움이 된다.

중요한 것은 듣는 속도로 머릿속에서 상상하는 것이다. 장면이

[스마트폰 어플로 듣는 오더블]

생생하게 그려져야 한다. 그렇지 않고 소리로만 지나치면 정지해야 한다. 표현을 정리하면서 들으면 더 잘 들린다. 아는 만큼 들리기 때문이다. 이렇게 양을 늘려나가고 어휘와 상식이 확장되면 다른 분야의 듣기도 수월해지고 뉴스나 영화로 뻗어나갈 수 있다.

내 스마트폰 어플 속에는 오디오북 책장이 있다. www.audible.com에서 회원가입하고 유료로 오디오북을 구입해 어플에서 다운받아 휴대하며 듣는 것이다. 책장에 꽂혀 있는 책들처럼 그 파일 표지들도 알록달록 예쁘고 다 소중하다.

그냥 틀어 놓는 날도 많은데 언젠가 텍스트로 읽었던 것을 듣다 보면 그때의 감정도 생각나고 그 책의 감동도 다시 느낄 수가 있어 좋다. 무엇보다 듣기 실력이 쑥쑥 커가는 것을 알게 된다. 책장에 쌓여 가는 종이책 원서들도 뿌듯하고 오더블(audible)어플 속 오디오북이 늘어 가는 것도 행복이다.

저자가 직접 읽어주는 경우도 종종 있는데 이럴 때는 정말 매력적이다. 《Life without limits》는 저자인 닉 부이치치가 직접 읽어주었는데, 평균어조로 읽다가 흥분되고 재미있는 부분에서는 목소리를 더 높이고 깔깔대기도 하고, 슬픈 부분에서는 자기도 감정을 이입하여 읽어주는 것이 참 인상 깊었다. 무엇보다 연애 소설은 오디오북을 강력하게 추천하는데 원이민 발음을 듣는 것 이상의 재미가 있고, 욕하는 부분이나 감정을 표현하는 부분은 정말 리얼하기 때문이다. 고정된 활자를 읽는 것이지만 오디오가 장면을 그릴 때 훨씬 실감나게 도와주고, 어느 부분에서 끊어 읽어야 하는지 문장 구조도 잘 볼 수 있어 좋다.

영어는 발음이 중요하고 강세로 인해 같은 글자라도 발음이 달라지는 언어다. 다양한 단어의 발음과 강세에 익숙하지 못한 나에게 있어 오디오북은 정말 큰 도움이 되었다. 다소 비용이 들더라도, 한 권의 책을 읽더라도, 눈과 귀를 다 열어 집중하며 읽는 습관을 들이면 원서 읽기가 더욱 재미있어진다.

또한 소리의 억양과 어감이 텍스트로 된 책을 더 잘 이해할 수 있도록 도와주기도 하니 원서와 오디오북은 서로 돕는다는 느낌이 든다. 처음에는 원어민 성우가 읽어주는 속도에 맞춰 눈이 따라가며 이해하는 것이 어려워서 속도를 0.8에 맞춰 읽기도 하고 중간에 일시정지도 숱하게 눌러가며 들었다. 지금은 책 읽는 속도와 동시에 들으며 이해하는 수준이 되었고, 물론 어려운 경영서는 아직도 어렵지만, 기분전환 차원에서 그냥 흘려 들어도 이미 한번 읽으며 들은 책은 머릿속으로 긴 시간동안 장면을 그려나가는 것도 무리없이 진행하고 있다.

Harry Potter의 여주인공 '헤르미온느'로 알고 있는 'Hermione'는 오디오북에서는 '헐마이오니'라고 부른다는 걸 알게 되었는데 이렇게 눈으로 이해했다고 생각한 활자를 소리로 들어보면 전혀 다른 단어가 될 때가 있다. 그래서 최대한 소리파일을 구해서 읽는 것이 좋다. 한 권을 다 읽고 들었다면 소리 내어 읽어 보는 것도 좋다. 자신이 직접 발음하고 읽으며 장면을 연상해 보는 습관이 꽹장히 중요하기 때문이다. 가정에 아이가 있다면 아이에게 읽어준다는 생각으로 읽어주면 금상첨화다. 소리 내어 읽다 보면 발음이 더 좋아지는 것도 알 수 있다. 잘 발음하여 읽을 수 있다는 것은 잘 들을 수 있다는 말이기도 하다.

책에도 OST가 있다

책을 천천히 읽기 시작하면서 책은 나에게 있어 그저 글자의 조합만은 아니다. 책을 읽다 보면 작가는 자연스럽게 자기에게 영향을 준 책이나 또는 작가나 인물을 소개하기도 하지만, 음악을 소개하기도 한다. 대놓고 추천하기도 하지만 소설 속에 녹아있을 때도 있는데 그럴 때면 그 책을 읽는 내내 소개된 음악을 틀어 놓고는 한다.

《책은 도끼다》라는 책에서 영화 포카혼타스의 OST인 'the color of the wind'가 소개되자 음원에서 찾아 몇 날을 들었고 큰아이는 피아노 악보를 뽑아 연주를 해주기도 했었다. 이렇게 책을 읽다가 음악이나 밴드가 소개되면 적극적으로 찾아 듣는 편이다.

특히 재즈를 좋아하는 무라카미 하루키의 책에는 어김없이 음악이 소개되는데 그럴 때면 글자라는 책을 읽었는데도 음악도 알아가는 재미를 느낀다. 《여자 없는 남자들》을 읽는 동안에 피아노 연주곡 'like someone in love'와 'A summer place'를 반복 재생하며 들었다. 그것 또한 책 읽기의 또 다른 재미다. 이것은 원서를 읽을 때도 마찬가지인데 책을 읽지 못하는 이동 시간이나 집안일을 하는 시간에 소개된 음악을 듣고 있으면 그 책의 부록을 읽는 듯 여운이 오래 가기도 한다.

《여덟단어》를 읽었다면 차이코프스키의 '바이올린 협주곡'과 '캐논 가야금 연주곡'이 생각나는 것이다. 글자를 시각적인 눈으로만 읽는 것이 아니라 오감을 살려 읽는 것으로 책을 떠올리면 영화의 OST처럼 음악을 떠올리게 된다. 특히 '차이코프스키 바이올린 협주곡'이 매력적이었는데 어디선가 광고 음악에 삽입되었던 것 같은 익숙함 때문에 계속 듣게 되었다. 그러면서 이 음악을 극찬한 저자와 공감하게 된다. 'Take 5'라는 재즈곡을 기억하고 색소폰 소리가 귀에 남아서 어디선가 이 음악을 들으면 《여덟단어》를 떠올린다.

《내 인생에 용기가 되어 준 한마디》를 읽다 보니 정호승 시인의 시가 가사로 쓰인 이동원의 《이별노래》, 김광석의 《부치지 않은 편지》가 소개되었다. 그 노래를 들으며 책을 읽으니 책에 숨어 있는 시 한 편을 소리로 읽는 느낌이 들기도 했다.

원서를 읽을 때도 마찬가지라고 했는데 바로 이런 거다. 《Slammed》에서 여주인공 Lake가 좋아하는 밴드가 《The Avett Brothers》라고 하자 남주인공 Will도 이 밴드를 좋아한다는 장면이 나온다. 또 이 책은 매 챕터가 이 밴드의 노래 가사를 발췌해서 시작하는데 가사가 좋아서 당연히 따라 들었다.

'Skin and bones', 'Another is waiting', 'Soul like the wheels'를

반복해서 많이도 들었고 좋아하는 음악이 되고야 말았다. 책 속의 주인공은 18살이었는데 이 밴드는 오히려 마흔살인 나와 더 맞는 느낌이 들었다. 이렇게 새롭게 알게 된 가수나 밴드는 Facebook을 검색해서 친구를 추가해 두기도 하는데 당연히 이 책의 작가인 Colleen Hoover와 밴드인 The Avett Brothers를 팔로우하고 있다.

하나 더 소개하자면 《Olive Kitterage》에서 Olive의 남편 Henry가 좋아하는 곡이 'Good Night, Irene'이었는데 이 음악을 오래도록 들었었다. George Winston이 연주한 곡이었는데 잠 들 때나 아침에 눈을 떴을 때 이 음악으로 시작하면 정말 좋았던 기억이 있다. Angie가 식당에서 피아노를 연주하고 있을 때 Henry 아저씨가 문을 열고 들어오고 그때면 Angie는 기분 좋은 따뜻함을 느낀다고 했다. 나 역시도 이 음악을 들을 때마다 그 부분이 자꾸 기억이 나곤 했다.

《I am the Messenger》라는 책으로 더 소개하자면 미션을 수행해야 하는 주인공 Ed에게 총알 하나만 들어 있는 권총 하나가 배달이 된다. 이 총을 써서 누군가를 벌해야 하는 자신의 미션 때문에 잠들지 못하는 순간에 돌아가신 아빠가 즐겨 들었던 The Proclaimers의 'Five Hundred Miles'를 한밤중에 세게 틀어 놓고는 정신이 나갈 듯 고민하는 장면이 그려진다. 그 남자의 등에 총을 대고 죽여야 하는데 사람을 죽이는 것이 겁이 나는 주인공 Ed는 The Proclaimers의 음악을 연상하며 혼란스러워한다. 지금 누군가를 죽이든 협박을 해야 하는 미션을 해야만 하는 주인공이 듣는 음악을 찾아 들어봤더니 《장기하와 얼굴들》 느낌의 음악 비트가 가슴을 쿵쿵하게 만들었다. 어찌나 그 장면과 잘 어울리는지 읽는 그 순간 내가 더 긴장하였다.

영화를 보거나 드라마를 보면서 들었던 OST가 오래도록 기억에 남듯이 책을 읽다가도 소개된 음악을 듣다 보면 그 책의 감동이 더 오래 가서 좋다. 글자로 된 이야기를 읽고 있지만, 지금 듣고 있는 음악이 이 작가의 영감에 영향을 주었을 거라고 생각하면 작가와 더 친근하게 느껴지기도 한다.

그리고 국내 작가가 아닌 해외 작가가 추천한 음악들을 들어보는 것은 좀 더 색다른 경험이기도 한데 뭔가 일심동체가 되는 느낌이 들기도 한다. 본 적 없는 작가이고, 가 본적 없는 나라인데 같은 음악을 들으며 텍스트를 읽는 기분이 참 야릇하고 좋은데 차근히 들어보면 그 책과 어찌나 잘 맞는지 놀랄 때도 많다. 평면적이고 시각적인 활자를 청각이라는 감각이 도와서 이야기를 이해하고 빠져 들게 하는 데에 도움을 준다. 활자로만 읽는 것과 소리와 함께 읽는 것은 정말이지 다른 경험이다.

노하우 부분에서 소개할 텐데 책과 음악이 소개될 때에도 메모지에 쭉 적어 보면 좋다. 제목만 적어 보는 것인데도 불구하고 내게 더 깊이 와서 박히는 느낌을 받게 된다. 책 속에 숨어버리지 않고, 도드라질 수 있게 메모해두고, 그 책을 읽는 동안에도 듣고, 나중에 다시 들어보며 그 전에 읽었던 책을 추억해 보면 또 다른 매력이 있다. 소리와 함께한 기억은 더 오래 남는 법이라서 그것 또한 책 읽기의 즐거움이 될 것이다.

단어와 문법을 어떻게 할까?

100% 이해 못해도 되니 사전은 필요 없다는 말

인터넷이나 영어학습서를 읽다 보면 사전을 찾지 않고도 원서를 술술 읽을 수 있다는 글들이 많았다. 물론 나도 그렇게 스피디하게 읽어보기도 했다. 단어나 표현을 정리하지 않고 책을 읽을 수는 있었다.

반복되는 어휘가 흘러가는 이야기 안에서 예측되어 어느 정도 의미를 알 수 있기 때문이다. 물론 감동도 느낄 수 있고 이 정도로 이해하는 것도 잘하는 것이기도 하다. 그런데 그 책 안에서 이해했다고 믿었던 어휘가 책을 덮는 순간 그 책 안에만 갇히는 걸 자꾸 느꼈다. 그 책 안에서만 살아 있고 그 책 안에서만 기억이 나는 것 같았다. 다른 책을 읽거나 회화를 하거나 영화를 볼 때도 책에서 익힌 표현들이 도움이 되어야 하는데 연결시키기가 어려웠다.

그런데도 사람들은 빨리 읽는 게 좋고, 70%만 이해해도 좋으니 사전을 찾지 말고 읽으라고 했다. 그런데 자꾸 한계를 경험하게 되었다. 원서 읽기가 재미 없고 거들떠보기도 싫고 단어에 미리 겁먹게 되어 두꺼운 책은 엄두도 나지 않았던 것이다.

또한 전에 분명히 읽은 책인데도 제대로 이해하지 못한 것 같은 찜찜함이 남아서 언젠가 다시 읽어야 한다는 의무감에 사로잡혔다. 물론 새로운 책에 도전하는 용기도 사라지고 말았다. 70%만이라도 정확하게 이해했다면 좋았을 텐데 70%를 이해했다는 것은 생각해 보면 오해의 양도 많다는 말이다. 즉 전혀 다르게 이해한 것도 많다는 뜻인데 그 말은 작가가 말하고자 하는 것을 조금 이해한 것이 아니라 잘못 이해했을 가능성도 있다는 것이다.

빠르게만 대충 읽다가 마음을 바꿔 먹었다. 사전을 찾으며 열심히 공부하듯 읽기로 말이다. 사전을 찾아 읽으면 전체적인 스토리를 이해하는데도 도움을 받지만, 단어 하나 찾은 것으로 한방에 전체를 설명해주는 짜릿한 경험을 한 적도 많았다. 그래서 사전을 찾으며 읽고 있고, 사전을 찾아 읽어야 한다고 주장하고 있다.

한 문장이 혹은 한 단어가 그 책의 전부를 결정짓는 순간이 몇 번 있었는데 바로 이런 것이다. 《The Reader》라는 책에 나오는 문구로 유태인 수용소에 불이 났던 날에 모두 죽은 줄 알았는데 죄수 중에 어머니와 딸이 생존한 부분이다.

'None of the prisoners should, by rights, have survived the night of the bombing.'에서 'by rights'는 '원칙적으로', 'should have p.p'는 '~했었어야 했는데(못했다)'라는 의미가 있음을 사전을 찾아서라도 알아야 하는 것이다. 그래야 'none'이라는 부정 표현과 함께 '죄

수들 어느 누구도 원칙적으로는 생존하지 말았어야 했다(하지만 생존자가 있었다)'라고 이해해야 하는 거다. 이 문장을 제대로 이해하면 그 다음에 오는 이야기가 다 설명이 된다. 유태인 수용소에 있던 사람들이 다 사망했었어야 했는데 살아남은 사람이 증인으로 재판 중 인석에 서 있고 그 때의 경험을 책으로 펴낸 것이 이 책의 이야기 속에서 큰 역할을 하기 때문이다. 그런데 사전도 찾지 않고 알 듯 말 듯한 표현에 고민도 하지 않고 대충 읽어서는 뒤에 나오는 모두가 죽은 줄 알았던 유태인 딸과 어머니를 이해할 수가 없는 것이다.

단어 하나를 찾아서 장면 전체가 명쾌해지는 경험은 여러 번 하게 되는데 하나 더 소개해 본다. 《My Name Is Lucy Barton》이라는 책에서 주인공 Lucy는 맹장 수술로 병원에 입원해 있다. 반대하는 결혼을 해서 Lucy는 친정 가족들과 거의 왕래가 없었는데 몇 년동안 얼굴을 보지 못하다가 친정어머니가 Lucy의 병문안을 온 장면에서다. Lucy는 어머니에게 자기를 사랑하느냐고 묻는다. 어머니는 그만하라고 하면서 계속 답을 피하는데 그때 이런 문장이 나온다.

"Lucy, you stopt it now." 'I heard the mirth in her voice.' "루씨, 그만 하렴." '나는 엄마의 목소리에서 유쾌함을 들었다.'로 해석할 수 있겠다. 이 문장에서 'mirth'라는 단어가 참 중요하다. 이 단어는 이 소설 전체를 설명할 수 있을 정도로 중요하다. 딸을 사랑하지만 직접적으로 표현하기 힘들었던 어머니는 '그만하라'고 거절하면서도 목소리에는 사랑을 실었던 것이다. 우울한지 유쾌한지 이 단어 하나를 찾음으로써 오랫동안 얼굴을 보지 못했어도 시집간 딸과 친정어머니의 어색하면서도 따뜻한 대화를 이해할 수 있는 것이다.

하나 더 소개하자면 《Grit》이라는 책에 이런 문장이 나온다.

"In return for the princely reward of a $25 gift card, about two-thirds of the spellers returned the questionnaires to my lab." "25불 기프트 카드라는 엄청난 보상액에 대한 보답으로, 스펠링 대회 참석자의 3분의 2 정도가 설문지를 연구소로 보내왔다."는 뜻이다. 여기서 재미있는 것은 바로 'princely'인데 사전을 찾아보면 '반어적으로 엄청난'이라는 의미로 나와 있다. 스펠링 대회 참가자들이 10대 아이들이라서 설문지를 해 주는 대신에 25불짜리 기프트 카드를 주었는데, 큰 금액이 아니라는 것을 장난처럼 과장해서 쓴 표현이다.

물론 이런 단어를 찾지 않고도 대강의 뜻은 이해할 수 있지만, 알고 읽으면 정말 재미있다. 사전을 찾으며 읽다 보면 속도는 더디지만 장면이 명쾌하게 오는 순간들이 있고 그런 표현들을 장면과 같이 익혀두면 실력이 되고 다른 책이나 영화에서 만나도 두렵지 않고 오히려 반갑게 느껴질 때가 있다.

외국어로 된 책인데 사전을 찾지 않고 70%만 이해하며 읽을 거라면 번역서를 읽거나 영화를 보는 것이 더 낫다고 생각한다. 그것이 그 책을 제대로 읽는 것이다. 원문을 바르게 이해하고 작가의 의도도 읽고 다음 책도 자신감 있게 잡으려면 지금 읽고 있는 책에서 만나는 단어와 표현을 사전에서 찾고 메모하며 제대로 익혀야만 한다. 사전을 찾지 않고 속도만으로 눈길에 미끄러지듯 읽어 나가는 것은 마치 먹지 않고 굶는 다이어트 같다. 살이 금방 빠지는 것 같은데 어느 순간 요요가 와서 다시 제자리로 돌아가거나 더 안 좋은 상황으로 역주행하기 때문이다.

영어 원서 읽기도 그렇다. 급하게 빨리 가려다가 영어책은 꼴도 보기 싫어지고, 시간이 흐르면 다시 영어 공부를 시작해 볼까 하기도 한다.

원어민과 얘기하다 보면 책에서 생소하다고 생각하며 대충 지나갔던 단어들을 편하게 쓰는 걸 알게 된다. 내 눈에는 어렵고 생소한 단어라고 지나쳤던 것이 그들에게는 일상적으로 쓰는 단어들이 꽤 있는 것이다. 원서를 읽으면서 '이런 단어는 몰라도 돼.'라면서 무시하고 넘어갔다면 원어민과 대화할 때 알아듣지 못했을 것이다.

유아용 챕터북 《Magic Tree House》 3권 《Mummies in the Morning》은 이집트로 시간 여행을 가는 내용인데 피라미드 안에서 관(coffin)을 발견하고 그것에 대한 정보를 책에서 찾는 장면이 나오는데 'sarcophagus(석관)' 단어가 나온다. 눈으로 보기에도 자주 나올 것 같지 않는 단어지만, 아이들과 《Geronimo》 DVD를 보는데 이 단어가 나오는 거다. 다시는 안 나올 것 같은 단어가 유아용 DVD에서 또 등장하는 것인데 원어민들이 책을 읽고 단어들을 다 이해하고 전체적인 스토리를 이해하는데 우리는 몰라도 되는 단어란 없다. 시험에 나오지 않지만 원어민들은 다양한 단어들을 쓰며 대화를 나눈다. 눈으로 읽을 때 단어의 발음과 쓰임에 대해서 제대로 익혀두면 회화까지도 잘 할 수 있게 된다.

많이 읽다 보면 자연스럽게 익힌다는 말

원서 읽을 시간을 하루 2시간 이상 확보하기 어려운 바쁜 세상이고, 읽다 말다 하면 알던 단어도 스르르 잊어버리기 마련이다. 모국어로 대화를 나누다가도 특정 단어나 유명 배우의 이름이 바로 생각이 안 나서 쩔쩔매기도 하는데 외국어인 영어는 오죽하겠는가. 그런데도 '그냥 읽다 보니 단어가 자연스럽게 익혀졌다.'는 노하우 글들이 많았다. 당연히 부러웠고 나는 도저히 그렇게 되지 않으니 답답하기도 했다. 그런데 그런 말을 하는 사람들의 글이나 프로필을 보면 하루 5시간 이상 원서를 가까이 할 수 있는 환경에 있거나, 외국에 살다 와서 어휘력이 어느 정도 확보된 상태였다. 아니면 내용이나 표현을 70%도 이해하지 못했는데도 완독했다고 하는 경우였다.

자연스럽게 단어를 습득하려면 어휘나 표현이 반복된다는 느낌을 받아야 하는데 직업이 있고 다른 할 일이 있고 다른 공부도 해야 하는 바쁜 현대인에게 있어, 읽다 보니 단어가 저절로 이해되는 일은 그리 쉬운 일이 아니다. 나 역시 매일 쏟아지는 단어가 괴로웠고 사전을 다 찾으며 읽어도 100% 그 나라의 언어 및 심리와 문화를 이해하는 것이 어려웠다.

어느날《미세스 다웃파이어》라는 영화를 보다가 알게 되었다. 할머니로 분장한 아빠가 딸아이의 영단어 시험에 대비해 숙제를 도와주는 부분이었는데 원어민 아이들도 단어 시험을 보고 단어의 정확한 용법을 과제를 통해 익히는 장면이었다.

우리 아이들도 어느 정도 문장과 글에 익숙해질 때까지 줄기차게 받아쓰기를 하며 책 읽기를 하는데 단어를 공부하지 않고 읽기만 해도 단어를 쉽게 익힐 수 있다는 것은 맞지 않는다는 결론을 냈다. 찾은 단어를 정리하며 읽기 시작했고 다시 반복해서 나오면 재차 익히며 책을 읽어 나갔다.

가만히 생각해 보면 단어를 찾지 않고 원서를 읽는다는 것은 결국 학창 시절에 시험 대비용으로라도 외운 단어 및 표현과 문법 실력을 써먹는 것이다. 그래서 원서 몇 권 읽다 보면 한계를 느낀다. 가진 실력이 고갈되어 바닥을 드러내기 때문이다. 오래도록 많은 책을 읽고 다른 분야로 넘나들며 폭넓은 독서를 하려면 곳간에 양식을 채우듯 지속적으로 단어와 문법을 차곡차곡 채워야 한다. 한 권이라도 제대로 읽는 단계가 있어야 성장한다.

완독하는 기쁨도 중요하고 그 책을 읽어봤다는 기분도 중요하지만, 새로운 단어나 표현을 알게 되는 기쁨도 빼놓을 수 없다. 새로운 단어는 끊임없이 나오지만 다행히 한번 나온 단어도 반복해서 나온다. 단어를 익히고 의미를 제대로 이해하며 읽는 순간을 힘겹고 역겹게 여기고 원서를 읽는 의미가 어디에 있는 걸까? 어지간한 원서는 번역서가 다 있고, 우리가 익숙하게 들어온 원서들은 대부분 영화로도 나와 있다. 인터넷 검색만으로도 그 책에 대한 대략의 내용을 다 알 수 있는데 원서를 굳이 읽을 필요가 있을까?

원서를 읽는다는 것은 '내가 아는 단어 범위 안에서만 읽겠다.'가 아니라 내가 모르는 분야의 책을 접하고 내가 모르는 단어도 배우고 내가 모르는 표현도 알아가겠다는 다짐에서 시작하는 지도 모른다. 그저 70%의 줄거리 이해와 완독했다는 자기만족 때문에 시간과 비용을 들이는 것은 자기 영어 실력을 자랑하는 데는 좋을지 몰라도 곧 싫증나고 지속하기가 어려워진다.

영어 원서 읽기는 번역서에서는 느끼지 못하는 원서에서 오는 맛, 새로운 단어와 표현을 알아가는 맛을 경험해야 오래 지속할 수 있다.

대충 읽는 습관은 시험 영어에도 도움이 되지 않는다. 한 문장이라도 제대로 이해하고 넘어가야 한다. 단 한 권의 원서를 읽더라도 작가가 말하고자 하는 것을 제대로 읽었다면 그 사람은 대충 100권을 읽은 사람보다 더 강한 감동을 느낄 수 있다. 읽은 권수는 부족해도 훨씬 단단하게 제대로 이해했기 때문이다. 밥도 꼭꼭 씹어 먹어야 피가 되고 살이 되듯 책도 그렇다. 후루룩 먹어치우는 패스트푸드 식사가 몸에 도움이 될 리 없듯이 말이다.

사진첩과 같은 메모의 힘

영어 원서를 읽다가 모르는 단어들을 어떻게 할 것인가는 영어 원서를 읽기 시작하는 순간부터 지금까지도 고민의 대상이다. 단어를 찾으며 읽으면 스토리가 자꾸 끊겨서 좋지 않다고 하는데 나의 경우는 단어를 찾지 않고 빠르게 읽기만 하는 것이 오히려 이야기를 잘못 이해하는 상황으로 몰고 갔던 적이 더 많았다. 페이지와 매 챕터마다 정확하게 그림을 그리며 나가야 하는데 앞에서 던진 복선이나 단어 하나로 잡아낼 수 있는 힌트를 놓치며 읽었기 때문이었다.

좀 이상스러운 독서 습관이라고 생각할지 모르지만 모국어책이나 번역서를 읽을 때도 메모하며 읽는 습관이 있고 모르는 단어는 찾아보기도 한다. 그렇게 우리말의 정확한 쓰임과 용법을 알아가는 것이 너무 재미있기도 하다.

《정글만리》에서 '떼에 들어간 삼촌'이라는 표현이 나왔는데 문맥상 '교도소에 들어간 삼촌'이라는 느낌을 받았지만 사전을 찾아보고 메모도 해 가며 읽었다. 무라카미 하루키의 《여자 없는 남자들》을 읽다가 '헤싱헤싱'이라는 단어가 나오니 '촘촘하게 짜이지 아니하여 헐겁고 허전한 느낌이 있는 모양'이라고 메모하며 읽었다. '뭐 그럴 필요가 있느냐?' 할 수 있겠는데 애매한 단어를 사전 찾아 읽다 보면 단어의 사전적 의미와 정확한 쓰임, 더 나아가 은유로 뒤튼 분위기를 느낄 수 있고 책 읽기가 더 재미있어진다.

영어 원서를 읽는 스타일과 모국어책을 읽는 스타일이 같다. 꼼꼼히 적어 보는 동안 그 뜻을 제대로 이해할 수 있고 나중에 적어 두었던 메모를 보면 기억이 살아나 그 뜻이 더욱 명쾌해지고 재미있는 장면이 나의 두뇌에 자리 잡게 되는 것이다. 모국어도 사전을 찾아가면서 읽으면 이렇게 명쾌해지는데 외국어인 영어는 말할 필요도 없겠다.

사전을 찾으면 그 순간에는 알 것 같아도 시간이 조금만 흘러도 잊어버리는데 사실 그것도 좀 아깝게 느껴진다. 외국어는 당장이라도 기억에서 사라질 준비를 하고 있기 때문에 전에 알던 것도 채우고 반복해야 한다. 물론 단어 시험을 보는 것은 아니라서 달달달 외울 필요는 없지만 단어 메모를 하지 않으면 찾은 단어를 또 찾게 된다. 어디서 본 것 같은데 잘 모르겠고 새로운 책을 시작할 때면 모르는 단어가 얼마나 나올까 두려워지기까지 한다.

사전을 찾고 메모하는 데는 개인마다 각자의 방법들이 있을 것이다. 나 역시도 여러 가지 시행착오를 겪었는데 몇 가지를 소개해 보려고 한다. 지금 나와 맞는 방법만을 소개하는 것이 아니라, 지금은 하지 않는 과거의 방법들을 소개하는 이유는 이런 방법이 독자 누군가에게는 더 좋은 방법이 될 수 있기 때문이다.

첫째로, 책에다가 살짝 우리말 뜻을 적어 두는 방법을 해 봤다. 시간이 오래 걸리지 않는 장점이 있지만 책을 읽는 동안에는 이해가 되던 게 책을 덮고 나면 기억에 남지 않는 단점이 있었다. 책이 더러워지고 재독을 할 때는 미리 해 놓은 메모들이 독서를 방해하기도 했다. 책을 최대한 깨끗하게 보려는 스타일이라서 물론 오래 들고 다니거나 자주 읽어 낡은 것은 괜찮은데, 독서를 방해할 만큼 메모가 많은 것은 내용에 집중하고 이해하는데 자꾸 걸림돌이 되어 길게 이 방법을 유지하지 못했다.

둘째로, 넓은 포스트잇을 이용해 메모해 붙여놓는 방식도 해 봤다. 책 여백에 쓰는 방법으로는 책이 더러워지고 다시 읽기도 싫어져서 포스트잇을 활용했는데 책은 깨끗하게 남지만 모르는 단어와 뜻을 일대일로 대응해서 메모해 두니 표현들이 내 것이 되지 않고 그저 책에만 메모로 남는 아쉬움이 있었다.

셋째로, 수첩을 마련해서 한-영 순서로 단어장을 적어 두기도 했었다. 말하기와 쓰기가 약하기 때문에 우리말을 영어로 어떻게 표현할지가 중요해서 한-영 순서로 만들었는데 이 방법도 오래 지속하지 못했다. 영-한으로 이해하면서 기록을 한-영으로 하니 더디고 이야기를 이해하는데 자꾸 시간이 부족했다. 이렇게 적다 보니 결국 책에 메모하는 것이 꺼려져 여러 방법들을 오가며 시도했던 것으로 보인다.

넷째로, 메모지를 한 가득 준비했다가 등장하는 단어를 다 적어

[등장인물 메모지(2장)와 챕터별 단어장 정리 메모]

가며 읽고 그것을 공책에 기록하는 방법도 시도해 봤다. 그런데 이 방법은 정독에는 도움이 되는데 독서 시간을 너무 많이 뺏어가고 적는 데만 애쓰다 보니 협소한 의미에만 집중하고 전체적인 흐름을 자꾸 놓치기도 했다.

그런데 이 4가지 방법들을 이용해서 단어를 열심히 익혀도 기억에 오래 남지 않았다. 물론 다른 일상으로 바쁘기도 한 것이 이유가 될 수도 있다. 어떤 느낌이냐 하면 눈으로 보면 알 것 같은데 입으로 말할 때는 나오지도 않고 다른 원서를 읽다 보면 같은 단어를 또 찾고 있기도 했었다.

여러 방법들을 시도하고 수정해 가며 얻은 방식은 위의 4가지 방식을 적절하게 융합하고 수정한 것으로, 책 크기보다 약간 작게 메모지를 많이 오려서 또는 그 크기와 비슷한 수첩을 잘라서 메모하는 것이다. 완독하면 그 메모지를 책 맨 뒷부분에 끼워 넣는 방법이다. 별도의 공책을 마련해서 정리하며 읽어 보았는데 그 노트를 다시 걷어보는 일이란 일어나지 않았고, 자꾸 노트만 쌓이는 것도 부담이 되어서 어느 순간 그만 두었다. 공책은 결국 다 쓰지 못하고 남게 되는데 쌓여 가는 공책이나 수첩이 또 다른 미완성의 책이 되는 기분이었다. 읽은 책이 많아질수록 미완성의 공책이 자꾸 늘어갔는데 그것이 마음의 부담으로 다가와 골치가 아팠다. 그러면서 책 읽기의 흥미를 잃게 되었고 정리하는 것은 취미가 아닌 숙제가 되었다.

그렇게 여러 시행착오를 겪고 나서 책과 메모를 한 세트로 만드는 것이 지금 책을 읽는 방식이 되었다. 아이들이 쓰다 만 공책, 해가 지나 이제는 쓰지 않는 다이어리, 길에서 받아 온 판촉용 수첩들을 어떻게 처리할까 고민하다가 문득 생각이 난 아이디어인데 이 방법이 지금 나와는 가장 잘 맞는다.

책을 읽다가 모르는 단어가 나오면 밑줄을 긋고 사전을 찾는다. 입으로 중얼거리면서 발음도 유추해 보고, 문맥상 의미도 생각해 보며 사전을 찾는다. 모르는 단어에 대해서 '페이지 숫자–단어–뜻–발음–장면'을 적으면서 읽어 나간다. 보통 단어와 뜻만 적거나 이해하며 책을 읽는데 나는 조금 다르게 여기다가 언제라도 원문을 찾아 볼 수 있도록 페이지 숫자를 추가하고 발음과 장면을 메모해 둔다. 여기에서 발음은 우리말로 적어 두는데 발음 기호로 적는 것보다는 입으로 조음해보며 소리 나는 대로 쓴다. 그리고 장면을 꼭 메모해 둔다. 구체적인 방법은 '저는 이렇게 읽어요' 편에서 더 소개하기로 한다.

책 한 권을 읽다 보면 같은 책에서 나오는 단어들이 비슷하다는 것을 알게 된다. 《Shopaholic》에서는 쇼핑, 직장 생활, 카드값, 은행 거래, 연애에 대한 단어들이, 《Me Before You》에서는 병원, 죽음, 우울, 자살 같은 단어들이 자주 나온다. 책 한 권을 관통하는 주제가 있어서 어휘도 그에 맞게 반복되기 마련이다. 그래서 앞부분부터 꼼꼼하게 메모하며 읽어 두면 뒤에는 날개를 단 듯 쉽게 읽을 수 있다. 반대로 앞부분부터 대충 읽기 시작하면 뒷부분도 오리무중으로 흐르기 쉽다.

굳이 메모를 하고 장면을 적는 이유는 단어만 일대일 대응어로 잘라서 익히면 어디에서 나왔던 표현인지 모르고 그런 상황을 설명하고 싶어도 자연스럽게 나오기 어렵기 때문이다. 표현을 익힐 때부터 장면을 기억해 두면 비슷한 상황에서도 입에서 그런 표현이 나오고 글로도 쓸 수가 있게 된다.

적다 보면 신기하게도 어느 책에선가 봤던 단어를 또 찾고 있을 때가 있다. 그럴 때면 그 전에 적어 두었던 부분을 한번 찾아보는 것인데, 이때 페이지 숫자가 일종의 색인 역할을 해서 도움이 된다. 그렇게 반복하다 보면 기억에 오래 남고 내가 아는 단어가 되는 것이다.

어떻게 피곤하게 적어가며 책을 읽느냐고 할 수도 있겠는데 많은 비용과 긴 시간을 들여 외국어를 배우기 위해서 해외에 나가는 사람들도 있는데 국내에서 외국어를 공부하며 이 정도의 수고스러움은 당연히 필요하다고 생각한다. 편한 단계에서 조금 더 노력해서 그 이상의 에너지를 내서 집중해야만 깊게 새겨진다. 적어 보면 그냥 눈으로만 읽을 때는 생각지 못했던 것이 깊이 기억되는 느낌이 들 때가 있는데 그럴 때 책을 제대로 읽는 것 같다. 아마 이런 걸 보면 나는 약간 고단한 걸 즐기는 스타일인가 보다.

책을 읽으면서 무언가를 쓰는 것을 무척이나 싫어했는데, 책을 수백 권 읽다 보니 눈으로만 독서하는 것에 한계를 자주 경험하게 되었다. 또한 하루에도 해야 하고 결정해야 할 일이 너무 많기 때문에 두뇌와 기억에만 의존해서 책을 읽는 것이 오히려 더 피곤했다. 그래서 책 한 권을 읽을 때 떠오르는 생각들을 거침없이 메모지에 적어가며 읽는 편이고, 그렇게 적으며 읽는 것이 이제는 편하다. 입력의 도구이자 눈으로 읽는 대상이었던 책이, 출력의 도구이자 마음과 손으로도 읽는 책이 되었다. 완독해 놓으면 메모지가 노트로서의 역할도 하는데, 원래 입력의 대상이었던 책이 이렇게 내 생각과 합쳐진 '노트로의 변신'을 즐기는 편이다.

우리는 책을 너무나도 신성시 여기는 경향이 있어서 흡수하는 데에만 고민을 한다. 나도 독서의 초기 단계에서는 책에 메모하는 것이 꺼려져 포스트잇, 공책에 별도로 적어가며 읽어 나갔는데 그런 작업이 결국 또 하나의 책을 만드는 것이라는 걸 알았다. 책 크기에 맞게 메모지를 활용해서 충분히 읽고 공감하며 쏟아지는 내 생각도 마구 적어버리면서 읽는 것에 일종의 후련함을 느꼈다. 작가의 생각을 읽는 것도 중요하지만 나의 생각을 쏟아내고 읽는 것도 중요하다.

1회독할 때 적어둔 메모들이 도움이 되어서 재독을 할 때는 빠르게 읽을 수가 있는데 이때는 단단히 다지는 시간으로 삼으면 실력이 정말 빨리 는다. 영어 원서를 읽으면서도 이런 나의 방식에 힘을 준 문구가 있었는데 메모의 힘에 대한 이야기다.

"The power is always on the side of the person with the best notes."라는 문장으로 "힘은 항상 메모를 잘하는 사람 편에 있다."는 뜻인데 《Master your time master your life - Brian Tracy》에 나

오는 말이다. 전화 통화할 때에도 종이와 펜을 준비해 적어가면서 통화 내용의 키워드를 잘 이해하며 들어야 한다는 글이었다. 나의 책 읽기 방식과 비슷하다는 생각이 들어 메모했던 문구다. 이 책에는 메모와 적는 것에 대해 많이 나오는데 적는 것이 꼭 나중에 무언가 써먹기 위함이 아니라, 쓰는 그 순간 자체로도 도움이 된다는 문구도 있다.

이 책은 2016년도에 나왔고 2017년도에 싱가포르에서 우연히 산 책으로 아직 국내에 번역되지 않았는데 좋은 문구가 많았던 것으로 기억한다. "When you write, you think, visualize, and move simultaneously." "당신이 뭔가를 쓸 때는, 당신은 생각하고, 시각화하며, 동시에 움직이게 된다."는 뜻인데, 뭔가를 쓴다는 것은 생각하고 두뇌로 상상하고 손을 움직이는 일로 그 자체로도 집중하게 만든다.

적으면서 읽는 것은 현대인의 독서에 반드시 필요한 것이고, 외국어인 영어 원서를 읽는 데에도 마찬가지라고 생각한다. 메모하며 읽었기에 오랫동안 지속하며 재미를 찾을 수 있었다고 감히 말씀드려본다.

메모 없이 책을 읽는 것은 여행가서 사진을 못 찍게 하는 것과 비슷한 느낌이 든다. 기억하고 싶은 장면이나 인물을 만날 때 우리는 자연스럽게 사진을 찍는다. 왜냐하면 두뇌에만 저장하지 않고 어떤 기록물로 남겨 두어 나중에라도 보기 위함으로 시간이 흘러서 여행에 대한 기억이 흐려져도 내 기억력을 보완해 줄 도구로 사진을 찍는 것이다.

내게 있어서 책 읽기의 메모가 그렇다. 머리와 기억력만으로 책을 읽는 것은 나와 풍경 사이에 보조장치 없이 입력만 하는 것 같아 시간이 흐르면 정말 기억나는 것이 하나도 없게 된다. 그런데 사진을 찍어 추억을 오래 저상하고 가끔씩 사진첩을 보면서 그때의 기억을 회상하듯 책을 읽으며 적어둔 메모들은 내게 있어서 글자로 된 사진첩과 같다.

책을 읽을 당시에도 제대로 이해할 수 있게 도와주지만, 다시 그 책을 펼쳐 볼 때면 쏟아지는 그때의 내 마음을 찍어둔 그 메모들이 반가울 때가 있다. 이렇게 나와 책을 연결해주는 중간 친구인 메모는 참 소중하다. 지금도 미래에도.

평생 단어카드가 있는가?

독서로서의 원서 읽기는 여기까지지만, 좀 더 실력을 높이고자 한다면 학습의 형태로 한 가지 방법을 더 추가해서 소개한다. 이 방법은 나에게는 정말 중요하고 언어를 공부하는데 있어서 가장 필요한 단계이기도 한데 다른 사람들이 들으면 질리거나 놀랄 수도 있어서 조심스럽다. 책을 완독하면 메모지는 몇 장이 되기도 하지만, 거의 한 권의 책이 될 만한 분량이 될 때도 있다. 이 메모들을 재독하면서 처음에는 몰랐던 단어에 대한 의미와 발음과 장면을 정확히 확인하는 시간을 갖는데 이 작업을 좋아한다. 물론 많은 시간이 들지만, 뭔가 시원하게 정리가 되는 느낌이다.

먼저 학창 시절에 단어장을 정리할 때 썼던 구멍 뚫린 A6 사이즈 단어카드를 사서 쓴다. 문방구 물품은 집안에 있는 것이나 아이들이 쓰다 남긴 것을 아껴 쓰는 편인데 이 단어카드만큼은 꼭 구입해서 쓴다. 단어장 하나에 하나의 단어를 적는다. 책을 읽으면서 만들었던 메모지들을 훑어보며 단어를 오른쪽 상단에 적고, 필요하다면 발음을 적거나 강세를 표기해 정확한 발음을 기록한다. 뜻을 적고 이 단어가 나온 책 이름과 페이지를 적는다.

그리고 책에 나와 있는 장면을 적고 원래 책에 나왔던 문장을 써 보며 그 단어의 쓰임을 기억하며 적어본다. 그렇게 한 장의 단어장에는 '단어-발음-책 이름-페이지-장면-원래 문장'을 적는다. 그렇게 단어카드를 만들어 나가고 알파벳 순으로 정리해 둔다. 이렇게 되면 일종의 카드로 된 나만의 평생사전이 만들어진다.

다른 책을 읽고 완독하면 또 이런 작업을 한다. 그러면 어느 단어는 중복되기 마련이고, 알던 단어도 다르게 쓰인다는 것을 제대로 알게 된다. 예를 들어 'squash'라는 단어는 원래 '어떤 물체를 찌그러뜨리다'라는 뜻이 있지만, '생각을 억압하다'는 뜻으로 확장되고, 우리가 스포츠로 알고 있는 '스쿼시'도 이 단어를 쓴다.

그리고 생뚱맞게 '호박'이라는 뜻도 있다. 단어 중심으로 여러 가지 경우에 대한 장면과 문장을 적으며 이해하면 이렇게 단어는 하나인데 여러 가지 뜻을 가진 단어에 대해서도 바르게 기억할 수 있다. 문장과 해석이 아닌 장면을 적어 두었고 그 장면은 내 두뇌를 거쳤던 것이므로 잊혀진 것 같아도 기억이 난다. 시간이 좀 들어도 이런 변신을 배워 나가는 것이 재미있다.

예를 들어보면 'crumple'이라는 단어는 '구기다', '허물어지다'라는 뜻을 가지고 있다. 《There's a Boy in the Girls' Bathroom》 42페이

지에 이 단어가 나왔었는데, 그림을 그린 종이를 구겨서 쓰레기통에 버리는 장면에서였다. 그럼 책을 읽는 동안에 메모지에 메모를 쭉 하는 것이다. 물론 시간을 빼앗길 수 있기 때문에 문장을 써 놓지는 않는다.

완독을 하고 나면 그 메모지와 책의 원래 문장을 참고해서 A6 단어카드 오른쪽 상단에는 단어를 쓰고, 한글로 발음도 적어본다. 처음으로 알게 된 뜻을 적고, 그 단어가 나왔던 책의 이름과 페이지를 적는다. 그리고 장면을 적고 문장이나 문장이 길 때는 문구를 적어둔다. 매끄러운 해석이 아니라 장면을 이해하기 쉽게 쓰는 것이다.

crumple

크럼플
구기다 – There's a Boy in the Girls' Bathroom(42)
그린 그림 종이를 구겨 쓰레기통에 버리는
he crumpled his picture into a ball and dropped it in the wastepaper basket next her desk.

다른 책을 읽다 보니 이 단어가 또 나온다. 《Wonder》 87페이지에서 나왔으니 이렇게 적어 두는 것이다.

쓰러지다, 허물어지다 – Wonder(87)
할머니가 돌아가셨을 때 기억이 나는 것은 엄마가 말 그대로 바닥에 허물어져 슬퍼한 것
What I remember the most from the day Grans died is Mom literally crumpling to the floor in slow, heaving sobs.

이런 작업을 통해서 'crumple'이라는 단어는 종이를 구기는 것 뿐만 아니라 사람이 충격을 받아 구겨지듯 쓰러질 때도 쓸 수 있음을 알게 된다. 이렇게 쓰다 보면 찾은 단어를 다시 찾은 경우도 많다는 걸 경험하게 되는데, 그럴 때는 같은 단어에 대해서 다른 카드를 여러 개 만드는 것이 아니라 전에 쓰던 카드에 몰아서 한꺼번에 정리하는 것이 좋다. 그래야 같은 단어의 다양한 쓰임을 알 수 있기 때문이다.

알파벳 순서로 정리를 하고 수시로 보거나, 혹은 새로운 책을 읽고 정리하다 보면 다시 또 자연스럽게 반복된다. 살아 있는 단어장이고, 부족한 두뇌의 용량과 능력을 보완해주는 역할을 한다.

이런 작업이 사실 책을 더디게 읽게 하는 방해 요인이 될 수도 있지만, 외국어를 바르게 제대로 배우려면 단어 하나에도 이러한 바른 쓰임을 이해할 필요가 있다. 신기하게도 천천히 읽고, 이런 작업을 통해 책을 읽은 것이 나중에 또 다른 책을 이해하는 데 도움이 되었다. 영화를 볼 때도, 혹은 회화를 하거나 글을 쓸 때도 도움이 되었다. 이렇게 모아둔 평생사전 단어장은 모자란 기억력을 도와주는 아주 고마운 도구가 된다.

바쁜 일상을 살아가다 보면 전에 알던 단어도 잊기 마련인데

[꾸준히 모아둔 단어카드와 새로운 단어를 기다리는 카드들]

이렇게 단어카드를 적어 두고 다시 보면 그렇게 사라질 법한 단어들이 다시 생생히 살아 돌아온다. 그러면 다른 책을 읽는 것에도 두려움이 줄어들고 영어에 자신감이 생기게 된다.

이런 작업들을 통해 전에 알던 단어가 다르게 변신하는 일도 많이 경험했다. 'cross'라는 단어는 '십자가', '가로지르다'라는 의미 정도는 알고 있지만 '약간 화가 난'이라는 뜻도 있다는 것을 이런 정리를 통해 알게 되었으니까.

고정 관념을 깨는 단어들의 변신

원서를 읽다 보면 단어의 다양한 쓰임을 배울 수 있다. 내가 알고 있다고 생각했던 단어들조차 배신하며 다른 의미로 쓰이는데 이런 것이 초반에는 꽤나 불편하고 어려웠다. 분명 외웠다고 생각한 것이 다시 모르는 단어로 변신하는 것인데 이것에 마음이 너그러워지고 원서를 읽는 재미로 생각되기까지 많은 시간이 걸렸다. 그리고 콩글리시가 아닌가 싶을 정도로 우리와 표현이 비슷한 단어들을 자주 마주치는데 고정 관념을 뒤트는 이런 단어들을 경험하는 것 또한 원서를 읽는 재미다.

먼저, 아는 단어의 변신이다. '움츠러들다, 줄어들다'라는 뜻을 가진 'shrink'에는 '정신과 의사'라는 뜻이 있다는 것을 배웠고, '부서, 단체의 사무실'이라는 뜻을 가진 'bureau'가 '책상'이라는 뜻이 있다는 것을 《Dead Poets Society》를 읽으며 알았다. '갈퀴로 낙엽 등을 긁어모으다'라는 뜻을 가진 'rake'라는 단어가 '돈 많고 멋 부리는 한량'이라는 뜻이라는 것을, '밀가루 반죽'이라는 뜻의 'dough'가 '돈'

의 뜻을 가지고 있는 것도 알게 되었다.

이렇게 원래 알던 단어를 그대로 해석하면 도저히 뜻이 맞지 않을 때가 있다. 처음에는 짜증스럽기도 한데 어느 정도 익숙해지면 오히려 이런 단어의 배신이 영어 원서를 읽는 재미가 되기도 한다.

계속 소개하자면, 듣는 순간 '치약'이 떠오르는 단어 'median'은 '도로 가운데 있는 중앙분리대'라는 뜻도 있다. 'taxi'는 '비행기가 이륙 직전 또는 착륙 직후에 활주로로 천천히 이동하다'의 뜻이다. 또한 '벌레'라는 뜻의 'bug'가 '도청 장치를 달다'의 뜻이 있다는 것도 알게 되었다.

이런 단어들의 변신은 드물 것이라 생각하고 그냥 지나치면 안 된다. '아니 이런 뜻까지 알아야 해?'라는 생각이 들었던 의미로도 자주 반복되는 것을 많이 경험했었다. 아는 단어라고 지나가지 않고 문장에서 다르게 쓰이는 것을 제대로 알고 익혀야 한다.

두 번째로는 서로 다른 동서양에서 단어의 쓰임이 비슷해 놀랄 때가 많다는 것이다. 우리는 한국적 표현을 콩글리시라고 놀리면서 굉장히 부정적으로 배워왔는데, 원서를 읽다 보면 동양이나 서양이나 참 비슷하다고 느낄 때가 많다. 어린 시절에 우리 뒷집에는 친할아버지 댁이 있었고 그 당시에 소를 키우셨는데 점심 때면 우리가 풀을 마구간에 넣어주기도 했었다. 기억으로 그때 할아버지께서 소 가까이 가지 말라고 하시며 소가 머리를 혀로 핥으면 머리가 위로만 자란다고 했던 기억이 있다.

그런데 《To Kill a Mocking Bird》를 읽다가 주인공 Scout의 옆집에서 지내게 된 소년 Dill이라는 아이를 묘사하는 부분에서 "he habitually pulled at a cowlick in the center of his forehead."라는 문장이 나오는데 "그 아이는 습관적으로 이마 가운데 뻣뻣한 머리카락을 당겼다."에서 '뻣뻣한 머리카락'을 묘사한 단어가 'cowlick'이라는 것과 이 단어가 '소(cow)'와 '핥다(lick)'의 합성어인 것에 깜짝 놀랐다. 이럴 때는 놀랍기도 하지만 동서양이 같은 말을 하고 있다니 재미있어서 정말 소름이 돋기도 한다.

《Pippi Longstocking》에서 Pippi는 황소 위에 올라탔는데 황소가 자꾸 흔들어대도 깔깔대고 있고 이걸 보는 동네 아이들은 멀리서 덜덜 떨고 있는 장면인데 문장이 이렇다.

"Pippi laughed and shrieked and waved at Tommy and Annika, who stood a little distance away, trembling like aspen leaves."

이 문장에서 'aspen'의 뜻은 '사시나무'인데 우리말 표현 '사시나무 떨 듯하다'는 표현이 원서에서도 등장하는 것이 정말 재미있다.

하나 더 소개하자면 《A Single Shard》에 나오는 주인공은 고려 시대를 배경으로 한 부모 없는 고아인데 이름이 '목이'다. 이 책에서 '목이'의 영어 이름은 바로 'tree-ear'로 짬뽕, 잡채 등 중화요리에 넣는 목이버섯을 영어로 'tree-ear'라고 하는데, 나무 목(tree), 귀 이(ear)를 그대로 쓰는 것이다. 'mushroom'을 붙이지 않고, '목이버섯'은 우리말로도 '나무에서 자라는 귀' 모양의 버섯이고, 영어로도 'tree-ear'라고 한다니 참 신기하고 반가웠다.

《응답하라 1988》에 보면 덕선이 친구가 과산화수소로 머리를 염색한다는 장면이 나오는데 이 문장은 영어 원서 《The Client》에서도 볼 수 있다. 'peroxide blonde'라는 표현인데 '과산화수소로 금발을 만든 여자'라는 뜻이다. 레스토랑 문가에 앉아 있는 염색머리 여자들에게 윙크를 날리는 마피아가 나오는 장면인데, 이 문장이다.

"he winked at two peroxide blondes at a table near the door." 동서양 구분 없이 전에는 염색할 때 과산화수소를 썼다는 표현이 있다는 것이 재미있고 신기하기만 하다. 이런 예들은 원서를 읽다 보면 징말 많이 경험하게 되는데 몇 가지 더 소개해 본다.

《Shopaholic Takes Manhattan》의 주인공 Becky는 룸메이트의 친척인 Tarquin과 약간 썸을 탈까 하는 장면이다. 'a few months ago, we spent a truly toe-curling evening together.'라는 문장인데 'toe-curling'이라는 표현을 보는 순간 '손발이 오글거리는'이라는 표현이 생각이 나는데 정말 '돌돌 말다'는 의미의 'curl'을 쓴다는 것이 재미있다.

《This pen for Hire》라는 책에서는 멋진 몸매의 남자를 말하는 부분에서 'with their washboard abs'라고 하니 웃음이 났다. 'abs'는 '복부'를 뜻하는 'abdomen'에서 온 표현으로 'abdominal muscles', 즉 '복부 근육'의 줄임말이다. 서양 사람들도 '빨래판 복근'이라는 표현을 쓴다니 반갑기도 하고 재미있기도 하다.

세 번째로는 사전을 참고하면서 읽으면 기본 의미를 알게 되는 것 뿐만 아니라, 평면적으로 알고 있는 딱딱한 단어가 은유적, 비유적으로 쓰여 큰 재미를 줄 때가 있다. 《I Am the Messenger》에서 주인공 Ed의 엄마는 욕도 잘하고, 전화통화 할 때도 자기 할 말만 하고 끊어버리는 스타일인데 다음은 Ed가 말하는 중에 전화가 끊긴 장면이다.

"The phone line's dead. No one can murder a phone call like my mother." 우리 엄마처럼 전화를 '살인시킬' 수 있는 사람은 없을 것이라고 'murder'를 쓴 부분에서 피식 웃게 된다.

단어를 정직하게 찾고 읽는 것이 시간을 많이 빼앗는 일인지 모르나, 이렇게 하면 그 책을 더 깊게 이해할 수 있고 큰 재미를 준다. 빨리 읽으려고만 했을 때는 정말로 몰랐던 단어들의 다양한 쓰임을 익히는 것도 원서를 읽는 즐거움 중의 하나다.

문법을 몰라도 원서를 읽을 수 있다는 말

'원서를 읽는데 문법은 필요 없다.'는 글을 종종 보는데 내 생각은 좀 다르다. 원서 읽기에서 문법이 필요 없다고 하는 분들은 어지간히 문법을 아는 사람들일 것이다. 외국어를 배우는데 문법을 모른 채 단어로만 문장과 단락을 이해하기 시작하면 금방 한계에 도달한다.

문법은 문장 구성의 기본이고 의미를 제대로 전달하는 소중한 뼈대이기 때문에 문법에 대한 공부 없이 여러 권의 영어 원서를 읽는다는 것은 어려운 일이고 지속하기도 힘들 수밖에 없다.

그렇다고 원서 읽기에 앞서 문법을 완전히 마스터하겠다고 하면 초반에 지친다. 그리고 원서가 학창 시절에 배운 문법 사항대로 완벽하게 글이 진행되는 것도 아니다. 그러니 원서를 읽으면서 문법도 같이 공부하는 것이 좋다. 그 둘은 서로 도와주는 관계지 완벽한 우선순위가 따로 있는 관계가 아니다. 문법을 시작했으면 원서를 읽을 때는 그 문법을 느껴보고, 원서를 읽기 시작했으면 문법책을 꺼내어 원서를 제대로 이해해야 한다.

원서책 한 권을 읽고 나면 문법에 대한 갈증이 자연스럽게 생기는데 그럴 때는 문법책도 소설책처럼 읽었다. 시험 대비용이 아니기 때문에 문제를 푸는 방식보다는 아예 답을 표시해서 읽었는데 문법 사항이 말하고자 하는 공식이나 형식보다는 장면이나 이미지를 미리로 상상하려고 노력했다. 문법 사항이 어떤 장면에서 자주 쓰이고 우리말과는 어떻게 다른지 이해하려고 했다.

우리는 문법을 글의 이해를 도와주는 도구라기보다는 시험 문제를 풀기 위해 배워왔다. 하지만 문법이 해야 하는 역할은 결국 문장을 제대로 이해하고 말할 수 있게 해 주는 것이다. 문제 풀이 너머의 더 큰 기능을 봐야 하는데 우리는 문법도 필요 없고 사전 찾기도 필요 없다는 솔깃한 말에 넘어가 시간과 돈을 낭비하고 있는지도 모른다.

'영어 100일 완성', '영어 완전 정복'이라는 제목으로 팔리는 책이나 강의들이 있지만 사실 영어는 완전 정복의 대상이 아니다. 세계 곳곳에서 많은 사건들이 일어나듯 그 사건을 다루는 글과 어휘도 계속 쏟아진다. 영어를 하면 할수록, 알면 알수록 새롭게 사전을 찾고 공부할 것이 늘어간다. 영어를 잘 한다는 것은 책에 나와 있는 기존의 법칙을 완벽하게 아는가가 아니라, 새로운 문법 사항이나 표현들을 거부하지 않고 환영할 수 있느냐 하는 것인지도 모른다.

물론 문법을 열심히 해 두면 좋다. 그렇다고 문법에서만 머물면 안 된다. 앞서 말했듯이 문법적인 사항이 어떤 장면을 그려내는지를 늘 유념해야 한다. 마치 수학공식처럼 'have + p.p'는 현재완료,

'If + 주어 + 동사의 과거형...'이면 '가정법과거'하는 식의 암기로 문법을 안다고 생각하면 안 된다.

현재완료에서는 과거에 어떤 일이 현재까지 어떤 영향을 끼치는 지를 그려내야 하고, 가정법과거는 지금은 할 수 없지만 시제를 하나씩 과거로 옮기며 아쉬움과 상상, 후회를 표현하는 것을 읽어내야 한다. 의미를 잘 전달하려고 만들어놓은 것이 문법이라는 규칙인데 의미는 사라지고 규칙만 달달달 외워서는 안 된다.

문법에서 가장 중요한 것은 의미이며, 이 책에서 계속 강조하는 것은 장면이다. 의미를 오해 없이 전달하기 위한 규칙이나 방법을 모아 놓은 것이 문법인데 우리는 이 법칙에 모든 글이 맞추어지기를 바라고 있지는 않는가?

그러나 원서를 읽다 보면 비문법적인 것도 많고, 오히려 작가가 의도적으로 꼬아서 위트나 왜곡을 통해 전달한 것이 큰 재미를 주기도 한다. 《The help》에는 of가 발음이 약하고 '오브'가 아닌 '어'로 들리는 이유 때문에 책에 아예 a로 표기해 버리기도 했다. 'get out of here!'는 'get out a here!'로 'Look at that'은 'Look a that'으로 나와 있다. 해리포터만 해도 거인 아저씨 해그리드는 발음이 수염 때문인지 부정확해서 거의 이런 식으로 표기되어 있다.

그런데 원서를 읽으면서 장면을 그려왔기 때문에 이 구조와 형식이 불편하기 보다는 신선하고 재미있다. 문법대로 쓰지 않은 것이 더 매력적이었는데, 《The help》라는 책은 미국 사회에서 백인의 흑인 차별에 대한 이야기를 가정부라는 주제로 그려냈다. 정규 교육을 받지 못했던 그 당시 흑인들에 대해 문법대로 말할 수 없었음을 표현한 것처럼 느껴지기도 했다. 저런 표기가 불편하기 보다는 오히려 책이 더 색다르게 느껴졌다.

하나 더 소개하자면, 《Wonder》라는 책에 이런 문장이 나온다. "For some reason, me and Jack started cracking up."(몇 가지 이유가 있어, 나와 잭은 깔깔 웃기 시작했다)에서 주어에 I가 아닌 me가 쓰인 것이다.

우리나라 문법 시험이었다면 이 문장은 당연히 틀린 문장이다. 이 책에 나온 문장 하나를 소개하자면, "When me and August were still friends, I was doing okay in science."(내가 August랑 친하게 지낼 때는 과학 성적이 괜찮았다)인데, 여기서도 me가 주격으로 쓰였음을 알 수 있다. "I'm know I'm weird-looking."(나는 내가 이상하게 생겼다는 걸 안다)에서 am이라는 be동사와 know라는 일반동사가 나란히 오는 문장도 나온다.

시험 문제였다면 말도 안 되는 문장들이 원서 속에서는 툭툭 나온다. 그게 불편하다기 보다는 재미있다. 문법을 열심히 공부하되 그것만이 정답이며 문법적으로 설명할 수 없는 문장은 비문이라고 하면 원서를 읽지 못한다. 문법을 제대로 알되 장면과 의미를 놓치지 말고, 비문법적인 문장을 만나도 이해하려는 아량이 필요하다. 결국 외국어로 된 책을 읽는 것은 그 문화와 언어의 규칙에 대한 넓은 마음에서 시작하는 것 같다.

문법이 먼저인지 원서가 먼저인지

공교육에서 영어를 배운 적이 있고 토익 시험도 치러본 경험이 있다면 영어 원서부터 시작해도 된다. 영어 성적이 뛰어나지 않았다고 해도 우리는 영어 교과서를 읽어 본 적이 있고 영어 시험을 치른 적이 있기 때문에 무턱대고 책을 읽는 것이 어려운 것은 아니다. 새롭게 글자부터 배워야 하는 중국어나 스페인어와는 다르게 기본 지식이 있기 때문에 먼저 원서를 잡아도 된다. 다만 100페이지가 안 되는 얇은 책부터 시작하는 거다.

물론 얇다고 쉬운 책은 아니지만. 읽다 보면 문법에 대한 갈증이 올 때가 있을 것이다. 그때가 바로 문법책을 볼 시간이다. 기초 지식을 더 쌓은 후 원서를 읽겠다고 하면 문법을 먼저 하는 것도 좋다. 우선순위가 정해져 있는 것이 아니므로, 마음이 끌리는 대로 하면 된다.

원서로 된 문법책도 좋고 언젠가는 공부하겠다고 사다 둔 맨투맨, 성문기본영어, 토익 스타트 입문서, 토익 RC책도 다 좋다. 문법책도 소설책 읽듯이 장면을 연상하면서 읽으면 좋다. 문제 부분은 풀려고 하지 말고 답을 보면서라도 적어서 읽는데, 그 이유는 시험을 치려고 문법책을 보는 것이 아니기 때문이다. 문법 구조에 익숙해지고 그 법칙이 주는 이미지 장면을 제대로 그리는 것이 목적이다.

공식에 맞춰진 글인지 신경 쓰기보다는 이런 구조가 어떤 의미와 장면을 그려내는지를 이해하며 읽는 것이 중요하다. 문법을 완벽하게 다 익히고 나서 원서를 읽겠다고 하면 원서를 읽지 못한다. 문법을 완벽하게 익히는 것도 불가능한 일이고 시작도 하기 전에 지치기 때문이다.

문법 문제를 잘 틀리지 않고 다른 사람에게 문법 구조를 설명해 주기도 했던 터라 문법은 어느 정도 자신이 있었다. 하지만 그림도 많고 활자도 커서 만만하게 생각했던 유아용 챕터북 《Magic Tree House》 1권을 읽는 동안 문법 실력을 다시 돌아봐야만 했다. 동사와 전치사의 새로운 기능에 적응해야 했고, 다음 문장은 어려워서 한참을 이해 못하기도 했다.

　"They couldn't have landed in a time 65 million years ago." 'could have p.p'가 '~를 할 수 있었을 텐데' 하지 못한 아쉬운 의미를, 반대로 'couldn't have p.p'는 '~을 할 수 없었을 텐데' 예상 외로 하게 된 것을 뜻한다는 것을 알아야 했다.

　그래서 이 문장은 "6천 5백만 년 전 도착할 수 없었을 텐데(사실은 도착했다)."라는 의미로, 사전을 찾아가며 이해하고 넘어갔다. 완벽한 문법이라는 것은 없는 것이라서 일단 원서에 도전하고 모르는 부분이 나오면 필요한 순간에 보충하는 것이 좋다.

　문법 내용을 많이 안다고 해도 이처럼 원서를 읽다 보면 막히는 순간들이 온다. 일단 이럴 때는 종이사전이 도움이 된다. 인터넷이나 스마트폰 사전은 찾는 단어만 검색해 보여주지만, 종이사전에는 그 단어의 쓰임은 물론, 예시 문장과 문법 정보가 다 들어있다. 이렇게 명쾌하게 이미지가 그려지지 않을 때는 종이사전을 찾아보고 문법책을 들추고 혹은 영어 원서 읽듯이 문법책도 읽으며 단단하게 해 나가야 한다.

전체적인 시제

모국어 소설책을 한번 펼쳐보면 알겠지만 시제가 대부분 과거다. '밥을 먹었다. 정류소에 앉아 기다리고 있었다'와 같이 우리는 책을 읽을 때 과거형에 익숙하다. '밥을 먹는다. 학교에 간다. 커피를 끓인다'는 식으로 소설이 현재형으로 진행되면 어색하게 느껴지는데 영어 원서 소설에는 현재형으로 서술된 것도 꽤 많다.

현재형으로 서술되는 문체에는 당연히 현재형, 현재진행형, 현재완료, 가정법과거와 과거진행형이 자주 나온다. 이에 비해 과거형으로 서술되는 문체에는 과거형, 과거진행형, 과거완료, 가정법과거완료, 대과거, 과거완료진행형이 자주 나온다. 당연한 말인 것 같은데 이것을 언급하는 이유는 중심시제를 알고 시작하면 이해하기 쉽기 때문이다. 그래야 과거형 모국어책 소설에 익숙하다 할지라도 3인칭 동사에 s/es로 서술되는 현재형 문장에도 익숙해 질 수 있다. 과거형으로 서술되는 소설을 읽을 때도 기준시제 때문에 나오는 각종 대과거 표현도 힘들지 않게 읽을 수 있다.

현재형으로 서술되는 소설은 Colleen Hoover 작가의 글에서 자주 볼 수 있다. "She nods and takes a long sip of her soda."처럼 "그녀는 고개를 끄덕이고는 소다 음료를 오래 마신다."로 해석할 수 있는데 이렇게 현재형으로 서술한 것이 처음에는 어색할 수 있다. 그래서 가정법과거가 등장하게 되는데 《Ugly Love》에서 몇 가지 문장을 소개해 본다.

"Normally if I were to wake up, open my eyes, and see an angry man staring me down from a bedroom doorway, I might scream."(평상시 같으면 잠에서 깨어, 눈을 떠서, 저렇게 화난 남자가 문간에서 나를 보는 걸 봤다면, 나는 아마 소리 질렀을 거다.) 'If + 주어 + 동사의 과거형(be동사는 were), 주어 + 조동사의 과거형 + 동사원형'이라고 배운 가정법과거와 딱 맞는 문장이다. 가정법과거는 현재 사실에 대한 반대라고 배웠으니까 뜻을 한 번 더 생각해 보면, 평소라면 소리 질렀겠지만 오늘은 마음의 준비가 되었기 때문에 그러지 않았다는 의미다. 기본 서술이 현재형으로 풀었기 때문에 이런 문장이 나오는 것인데 처음에는 어색하지만 기준 시제를 생각하고 여러 권 읽다 보면 익숙해진다.

I might have also left the key to your apartment on the hallway floor.(너의 집 아파트 복도 바닥에 키를 놓고 온 것 같아.) 'might have p.p'를 보면 조동사와 현재완료가 합쳐진 것처럼 보이지만 사실 과거사실에 대한 추측을 나타내는 표현으로 현재형 서술 소설에도 자주 등장한다. '~ 했을 거야.'라는 의미로 과거 일을 회상하는 표현이기 때문이다. 추측을 나타내는 조동사(may)의 과거형(might)이 완료형과 쓰이면 한 시제 앞서 추측의 일을 말한다는 걸 문법 지식의 도움을 받아 알아야 한다. 이처럼 주로 서술하는 시점이 언제인지를 파악해두면 전체적인 이야기를 이해하는 데 도움이 된다.

반대로 전체적인 기준 시제가 과거라면 과거완료 시제가 자주 등장한다. 《The Boy Who Lost His Face》라는 책에는 이런 문장이 나온다.

'He thought about everything that had happened to him.' 생각하고 있는 것이 과거이므로 그 전에 일어났던 모든 일은 과거완료 문

장으로 쓰는 거다. 한 시제 앞서서 일어났던 일이기 때문이다.

양념 역할을 하는 문법 – 가정법, 관사, 대명사, 분사구문, 도치
1) 가정법

일상의 선택 뒤에는 후회와 아쉬움이 남게 되고, 우리는 현실에서 이루어질 수 없는 일을 상상하며 살아간다. 그래서인지 원서에서도 가정법이 자주 나온다. 왜냐하면 삶을 써낸 글이기 때문이다.

학창 시절 영어 시간에 'If + 주어 + have + p.p'라고 하면서 마치 수학 공식을 외우듯이 +를 남발하며 외우긴 했는데, 그 의미는 아직도 알 듯 말 듯 하다. 시험에는 많아야 한두 문제 나온다며 그냥 포기해버린 가정법이 원서에서는 많이 나온다. 그래서 가정법을 알아두면 정말 좋다. 우리가 일상생활에서도 가정법 문장을 얼마나 많이 쓰고 있는지 알면 원서나 팝송에도 왜 이렇게 많이 나오는지 이해가 될 것이다.

"아메리카 말고 카페라떼를 샀을 텐데…"

"이 남자 말고 그 남자를 선택해야 했을 텐데…"

"도로 상황을 알았더라면 차를 끌고 나오지 않았을 텐데…" 등 우리는 가정법 문장을 많이 쓰면서 살고 있다. 그래서 가정법의 느낌을 알면 원서가 재미있어진다. 후회, 미안함, 아쉬움을 표현하는 문장이기 때문인데, 가정법을 모르면 원서 읽기의 즐거움이 뚝 떨어질 수밖에 없다. '~했다면 ~했을 텐데, ~ 못한 게 지금 후회스러워'를 읽어내지 못하면 스토리가 평면적이고 단편적일 수밖에 없다.

예를 들어, 《The old man and the sea》에 자주 나오는 문장으로

'I wish I had the boy.'가 있는데 '소년이 함께 왔더라면.'이라고 해석할 수 있겠다. 망망대해에 혼자 남겨진 노인 Santiago는 계속 '소년이 함께 왔더라면.'이라면서 소년을 그리워하는데 소설 전체에 자주 등장한다. 'If the boy was here, he would wet the coils of line, he thought. Yes. If the boy were here. If the boy were here.'(만약 소년이 여기 있었더라면, 낚싯줄을 적셔 주었을텐데. 라고 그는 생각했다. 그렇다. 소년이 여기 있었더라면. 소년이 여기 있었더라면)

《Slammed》에서 여주인공 Lake가 눈길에 미끄러지는 모습을 보고 길 건너에서 웃던 남주인공 Will이 가까이 와서 그녀가 다친 것을 보고 하는 말이 "I wouldn't have laughed if I knew you were hurt."(네가 다쳤다는 걸 알았더라면 웃지 않았을텐데). 멀리서 보니 우스꽝스럽게 미끄러져 웃었는데 다친 걸 모르고 웃었다고 미안해하는 장면으로 가정법과거가 바로 나온다.

《Dear John》에서의 장면은 군인인 John이 휴가를 나왔다가 돌아가야 하는 상황에서 나오는 문장이다. "I wished I weren't stationed overseas, and I wished I'd chosen a different path in life and they would have let me remain a part of her world."(내가 해외 주둔 군인이 아니었더라면, 다른 인생길을 선택하고 내가 그녀의 세상 한 부분으로 남을 수 있었더라면 좋았을텐데). 단지 몇 가지 예문을 소개했지만 원서 속에는 가정법이 정말 많이 나온다.

2) 관사

영어 시간에 제대로 배운 적이 없는 관사가 원서를 읽는 데에 톡톡

한 재미를 준다. 《Kungfu Panda》에는 이런 문장이 나온다.

I'm not a big, fat panda,

I'm the big, fat panda!

나는 (많고 많은 판다 중에 흔한) 하나의 크고 뚱뚱한 판다가 아니라,

나는 (세상에서 유일한) 바로 그 크고 뚱뚱한 판다지!

not이 있고 없고의 차이도 있지만 같은 문장인데 a와 the의 변화만으로 분명한 의미를 던져준다. 흔하디 흔한 판다(a)가 아니라 바로 유명한 그 판다(the)라는 말인데 a를 the로 바꿔 쓰면서 존재를 제대로 꼬집어주는 문장이다. 이렇게 관사도 제대로 그 뉘앙스를 익혀두면 책 읽는 재미가 더욱 커진다. 하나 더 보면 《The Devil wears Prada》에서 남자친구는 바쁜 Andy와 대화를 나눌 시간도 없다. 회사 일에 묶여 있는 그녀와 마음도 멀어져 버린 상황이고 Andy도 다시 시작해보려고 하지만 잘 풀리지 않는 부분에서 나오는 문장이다. "Somewhere in that year, I lost the Andy I fell in love with."(그 해에 어디에선가, 내가 사랑했던 바로 그 Andy를 잃어버렸다)

사람 이름 앞에 the를 붙이는 것이 특이한데 이런 문장은 원서에서 자주 볼 수 있다. 이런 미묘한 것들이 원서를 읽는 재미이기도 하다. 이렇게 문법은 원서를 읽는데 도움이 되어야 하지만, 법칙이라는 완고한 성에 갇혀 있어서도 안 된다.

3) 대명사

원서를 읽으면서 긴장을 놓치지 말아야 할 것은 대명사, 관계대명사, 관계부사처럼 앞에서 언급된 단어를 다시 받는 단어들이다. 여자 인물이 여러 명 나올 때 이 she는 누구고, 그 다음 나온 she는 누구인지 실체를 잘 상상하면서 읽어야만 바르게 이해할 수 있다. 안 그러면 딸인지, 엄마인지, 힐머니인지, 선생님인지 뒤섞일 수 있기 때문이다.

또한 which가 앞에서 언급된 무엇인지, where가 앞에서 언급된 어느 장소인지를 잘 이해하고 있어야 한다. 막연하게 그녀, 그것, 무엇, 어디라고 눈으로만 이해할 것이 아니라 머릿속으로 그 대상을 생생하게 연상하며 이해해야 한다.

이 단어들이 나온다는 것은 앞에 언급된 것들이 있다는 것이므로 실체를 머릿속에 그려가며 이미지를 따라가야 한다. 예를 들어 《The One Plus One》에서의 문장 하나를 보자. "The house is really tidy and they don't have any books unlike ours, where Jess has stuffed."(이 집은 정말 좁고 우리집과는 다르게 책도 없다. 우리집은 Jess가 책을 많이 채웠는데 말이다)

where가 앞에서 나온 ours, 즉 our house라는 걸 빠르게 읽으면서도 연상하고 머릿속에는 Jess가 가득 채운 책을 상상하면서 지금 보고 있는 집은 그런 상태가 아님을 그려내야 한다.

4) 분사구문

원서를 읽을 때 많이 등장하는 문법 사항은 바로 '분사구문'이다. 앞에서 소개한 《The One Plus One》에서 나오는 문장을 하나 더 소개해 본다. "It was half empty despite it being lunchtime."(점심시간임에도 불구하고 식당 자리의 반은 비어 있었다)

점심시간 때쯤에 카페에 들어온 상황으로 문장을 분사구문으로 만든 형태다. 이렇게 동사를 분사로 만들고 문장을 구로 만든 문장이 많이 나오는데, 이 구문은 분사구문이 뒤에 따라오는 우리에게 좀 어색한 분사구문이기도 하다.

학창 시절 문법시간에 접속사 + 주어 + 동사에서 접속사를 지우고, 주어가 같으면 주어도 지우고 다르면 남겨두고, 동사는 능동이면 현재분사를, 수동이면 과거분사로 만드는 것이라고 수학공식처럼 배운 그 분사구문이다. 문장의 앞에만 나오는 것이 아니라 이렇게 뒷부분에 툭 나오기도 한다. 이런 문장을 보면서 어색해 하거나 비문이라고 생각하지 말고 이런 것이 분사구문의 재미라고 이해하는 것이 좋겠다.

하나 더 소개하자면 《Dear John》에서 등장했던 분사구문이다.

"Her voice conveyed the same wonder and joy she'd expressed when seeing the porpoises."(해변에서 돌고래를 보았을 때 표현했던 바로 그 놀라움과 기쁨을 목소리에 담아 전달해 주었다)

이 문장에서도 갑자기 나타난 seeing에 놀라지 말고, when she saw의 분사구문이라는 것을 문법적으로 고민하지 말고 문장을 보면서 바로 이해할 수 있어야 원서 읽기가 재미있어진다. 이런 문법들은 문법책을 완벽히 외워서 알게 되는 것이 아니라, 이야기의 흐름상 주어가 연상이 되고, 시제를 통일하며 자연스럽게 습득해야 읽기에 불편하지 않은 상태에서 익히게 된다.

5) 부정어로 인한 도치

부정어가 문장 앞으로 나오면 문장이 도치가 되는데 이런 문장도
자주 등장한다. 문법책에서 가볍게 다룬 것인데 원서에서는 자주
나와서 당황스럽기도 하다. 《The Notebook》이라는 책에 보면 알츠
하이머에 걸린 환자에 대한 설명이 나오는데 그 문장이 이렇다.

"Seldom do they recognize the staff and people who love
them."(환자들은 요양원 직원들도 그들을 사랑한 사람들도 좀처럼 알아보지
못한다)

원래 문장은 'They seldom recognize the staff..'라고 시작하는 문
장이지만 Seldom을 강조해 앞으로 나가면서 의문문처럼 do they가
된 것이다. 이런 문장에 익숙해지면 원서 읽기가 재미있고 훨씬 수
월해진다. 물론 이런 문법 지식이 없어도 글을 읽을 수는 있지만,
문법을 제대로 알고 읽으면 감동이나 이해가 더욱 커지고 빨라진다.

저는 이렇게 읽어요

준비물이 필요해 – 포스트잇, 메모지, 삼색 볼펜, A6 단어카드

1) 포스트잇

읽을 책에다 가장 먼저 하는 일이 포스트잇 붙이기다. 이때 포스트잇은 읽을 분량을 생각해서 챕터별로 호흡을 정하는 데 쓴다. 이렇게 열정적으로 집중하며 읽기 시작하는 단계 이전에 준비 단계가 있다. 말 그대로 슬슬 데우는 워밍업 시간인데 이때가 참 중요하다. 소설의 경우는 숫자로만 구분할지라도 모든 책에는 목차가 있다. 작가는 말하고자 하는 내용을 구분하고 묶고 모아서 챕터를 만들고 대제목, 중제목 소제목으로 나눈다. 그럼 읽기 시작하는 나도 이제 한 권의 책을 가지고 6박 7일 혹은 13박 14일의 여정을 떠날 것이고, 어려운 책은 29박 30일이 될 수도 있는 긴 여행을 준비한다.

그러므로 책 읽기에도 호흡을 주고 여정을 짜야 한다. 이때 필요한 준비물이 바로 작은 포스트잇이다. 목차를 보면서 대제목끼리,

중제목끼리, 혹은 챕터별로 포스트잇을 붙여 본다. 이때 책의 전체 흐름을 예상해보고 분량을 계획하는 것인데 목차와 페이지를 고려하며 포스트잇을 붙이다 보면 이 책을 6박 7일에 읽을 수 있을지, 13박 14일에 읽을지가 보인다. 그러고는 책을 읽어 나가면서 과감하게 떼어낸다. 그 느낌이 뭔가 해냈다는 기분 때문에 좋기도 하다.

또 다른 용도로는 책갈피용이다. 책 귀퉁이를 접지 않는 편이고, 책갈피를 따로 쓰지 않고 포스트잇을 책갈피로 쓴다. 종이를 끼워 넣거나 페이지를 접어두거나 펜을 끼워 두는 방법이 있지만, 나는 읽다 만 바로 그 행에 포스트잇을 붙여 놓는다. 책을 읽기 시작했다고 해도 챕터를 마무리하며 읽을 수가 없고, 읽다가도 다른 일을 해야 해서 중단할 때가 많다. 그럴 때는 종이를 끼워두는 것 보다는 정확한 그 행에 포스트잇을 붙여 두는 것이 다시 돌아와 그 페이지를 기억해 읽기가 쉽기 때문이다. 그리고 틈새 시간에도 한 줄, 한 단락을 더 읽을 수 있게 도와주기도 한다.

이 포스트잇은 책을 읽어 나가는 호흡을 결정하는데도 도움이 되지만, 책을 읽는 과정에서 내가 지금 어느 부분에 와 있는지를 알수 있게 해주어 집중하도록 도와준다. 책 읽기에 호흡을 만들어 챕터가 끝나고 직선적으로 바로 이어가는 것이 아니라 연극의 막과 막처럼 잠시 생각을 정돈하고 가다듬게 해 준다.

한번 읽기 시작했으면 애매한 곳에서 중단하지 말고 그 챕터에서 말하고자 하는 것을 이해한 후에 잠시 쉰다. 일종의 바이오리듬 그래프처럼 집중한 후 쉬면서 머릿속으로는 정리를 하는데 이 호흡이 내게는 맞게 느껴진다. 애매한 부분에서 쉬면 내용 연결도 어렵고 다시 읽을 동력을 잃을 수도 있기 때문이다.

무작정 페이지를 넘겨 빠르게 많이 읽는 것이 정답이고 선망의 대상이 된 요즘 이런 책 읽기가 답답하게 여겨질 수도 있다. 하지만 느린 가운데도 내용과 감동이 깊이 와 박히는 경험을 하곤 했는데, 포스트잇의 도움을 받아 강약을 조절하며 쉼 없이 지속한 것이 도움이 되었다고 믿는다.

이렇게 목차를 유념하며 읽는 것이 큰 차이를 내지 않는 것 같지만, 이것은 나중에 쓰기에도 도움을 준다. 페이지를 열자마자 후다닥 읽는 것이 아니라 목차를 보며 전개될 내용을 예상해보는 것이 쓰는 것에 어떤 도움을 줄까 명쾌하게 어떤 법칙을 들어 말할 수는 없지만, 자연스럽게 기승전결을 예상하게 되니 그런 호흡이 책을 쓰는 데에도 도움이 되는 것만 같다.

2) 메모지

나에게 독서는 원서든 모국어책이든 읽는 방식이 같다. 바로 메모하며 읽는 것이다. 어떤 책을 읽기로 하면 일단 문구용 칼이나 가위를 가지고 종이를 자르기 시작한다. 아이들이 쓰다 남긴 공책, 해를 넘긴 다이어리, 아이들이 학교에서 가져 온 가정 통신문, 예뻐서 샀지만 책꽂이에 그냥 있는 수첩들을 다 활용한다. 책의 크기보다는 조금 작게 잘라서 시작하는데 그냥 공책이 아니라 메모지를 책 사이즈에 맞춰서 자른다. 그 이유는 완독하고 나면 책 뒤쪽에 끼워 둘 것이기 때문이다.

이 메모지는 등장인물을 메모하거나, 쭉 읽어 나가면서 단어를 메모하거나, 내 생각이 쏟아질 때 미친 듯이 그 생각을 적어 내려갈 용도로 쓴다.

메모를 하며 읽는 이유는 앞에서도 여러 번 얘기했지만, 책 한 권을 읽는 사이에 많은 일들이 일어나서 책에 대한 내용을 기억에만 의존해서 읽기 어렵기 때문이다. 그리고 묶음 형태의 공책에다 쓰지 않고 종이를 잘라가며 읽는 이유는, 읽은 책이 수십 권 수백 권에 이르게 되면서 공책에 적어 둔 것은 그냥 책장에 묻히고 말았고, 그렇게 죽은 공책이 아니라 나만의 메모에 생명력을 주고 싶었기 때문이다. 언제라도 책장에서 책을 꺼냈을 때 그 책을 읽을 때의 메모와 생각들도 바로 연결해서 보고 싶었기 때문이다.

즉, 적으면서 읽고 싶은데 책에는 그 여백이 부족하고, 적은 것을 바로 생생하게 되살리고 싶은데 공책은 따로 저장되고, 그것을 해결하기 위한 장치가 바로 책 사이즈 정도의 메모지를 활용하며 읽는 것이었다. 한 권의 또 다른 공책이 아니라 책 속에 쏙 들어가는 메모지는 카페나 사무실 그리고 화장실에서 책을 읽기에도 안성맞춤이다.

앞서 책 읽기를 시작하기 전에 작은 포스트잇을 목차, 대제목, 소제목 별로 붙여놓고 호흡을 예상해 본다고 했는데, 종이 메모의 호흡도 그것과 같다. 그냥 연달아서 적는 것이 아니라, 목차를 고민하면서 종이를 나눠서 메모하는 것인데 그 이유는 글의 구조와 짜임을 알고 내가 지금 무얼 읽고 있는지 알기 위해서다. 눈으로 미끄러지듯 글자만 읽는 것이 아니라 내가 지금 어디 무엇을 읽고 있는지 알아야 내 생각이 싹튼다.

좀 어려운 책이나 맥락이 애매한 글을 읽을 때는 문장을 적어 보고 뒤틀어보고 분석해보기도 한다. 왜냐하면 그 문장을, 그 단락을 어렵게 쓴 이유가 있을 테니까.

공책을 쓰지 않고 번거롭게 종이를 잘라서 쓰는 이유는 휴대하기 좋기 때문이기도 하다. 공책은 적을 때는 뭔가 뿌듯하고 이해된 것 같지만, 읽은 책이 점점 많아지면 공책도 많아져 책꽂이에 꽂아 두는 순간 다시 꺼내 보기 힘들어진다. 그래서 종이조각이 편한데, 그렇다고 너무 작은 것은 피하고 책 사이즈 정도로 쏙 들어가는 크기가 좋다.

종이나 노트에 연달아 메모하는 것이 아니라 목차를 고려해서 나누는 이유는 책을 완독한 후 덮고 잊어버린 뒤에도 다시 그 책이 읽고 싶어 펼치면 그 메모의 흐름과 호흡에 맞춰 읽을 수 있기 때문이다. 재독할 때 내용을 복기하다 보면 또 다시 생각이 솟고 모르는 표현이 등장하는데 그럴 때는 메모지 맨 끝에 추가하는 것이 아니라 해당 목차 끝에 추가하기 위해서 여유를 두는 것이다. 다시 종이를 추가할 수 있는 여유를 남겨 두면 나중에 다른 책을 읽다가도 이 책을 읽을 때의 기억이 떠올라 새로운 감상을 적어 넣거나, 생각이 달라졌을 때도 계속 첨가할 수 있어서 좋다.

이렇게 중간 중간 여유 공간을 두고 그 공간에다 여러 번 읽는 과정에서 생각을 첨가하다 보면 생각이 달라지고 성장함을 느낀다. 잘라둔 메모지는 하늘에서 떨어지는 무수한 별 같이 쏟아지는 내 생각을 받아내는 소중한 소쿠리가 된다. 꼼꼼하게 읽다 보면 더 나아가 교정을 하게 되는데 외국어 책인데도 오타를 찾아내거나 등장인물 이름이 잘못 언급된 것을 찾아내기도 한다. 적는 동안 바르게 이해할 수 있고, 적어 두면 나중에 책을 읽을 때도 복기할 때 편하고 다시 읽을 때 보면 전에 읽을 때 오해했던 부분도 발견할 수 있다. 이런 과정을 통해 나은 독서로 발전하게 되는 것이다.

우리 사회는 이제 얼마나 많이 읽었느냐보다는 점차 어떻게 쓰는가가 중요해지고 있다. 직장에 다니는 요즘 더 뼈저리게 느끼는 것인데 전에는 관련 규정을 읽고 이해하는 능력이 중요했다면, 이제는 이런 흡수의 능력을 넘어서 간단한 보고서에서부터 상대방을 이해시키고 설득시킬 수 있는 아웃풋의 능력이 중요해짐을 느낀다. 목차를 이해하며 그 호흡에 맞게 읽다 보면 자연스럽게 기승전결 흐름 및 어휘를 쓰는 요령을 익힐 수 있게 된다. 물론 이렇게 한 권의 책이 탄생할 수도 있다.

학창 시절을 돌이켜보면, 교과서, 참고서, 문제집 그리고 각 과목별 공책을 가지고 다녔던 기억이 있다. 교과서의 내용을 공부하다가 뭔가 더 오래 기억해야 하는 경우에는 공책에 적어 둔다. 이 습관이 10년 넘은 학창 시절 동안 내 두뇌 속에 뿌리 내려 그런 것인지, 그냥 읽는 책도 메모하며 읽는 것이 속 편하다. 사실 학창 시절에 공부하던 영어책보다 더 길고 어려운 책을 읽고 있는데도 적지 않는다면 그게 이상한 것 아닌가?

영어 공부를 시작했지만 실력이 늘지 않거나 지속하지 못하는 이유는 내가 오늘 부지런히 배우고 익힌 것이 내일이 되면 기억이 나지 않기 때문이다. 자꾸 생각이 나지 않으니 흥미가 떨어지는 것인데 가혹하게 들릴지 모르지만 한번 봐서 기억되는 외국어는 절대로 없다. 오히려 이것을 당연히 여기고 일상에서 어떻게 하면 자주 반복하는 나만의 방법을 만들까 궁리하는 것이 중요할 수 있다.

우리말도 어휘가 적절하게 생각나지 않아 가끔 말문이 막히고, 그렇게 좋아하던 배우의 이름도 떠오르지 않는데 하물며 외국어를 한두 번 눈에 익혔다고 기억에 오래 남지 않는다며 타박해서야 외국어는 억울할 뿐이다.

잘 기억하려고 하니 적어 보는 것이고 중얼거려 보는 것이고, 메모해 두는 것이다. 메모는 다음에 복기할 때도 도움이 되지만 지금 적는 순간에 깊이 이해할 수 있게 도와준다. 그래서 펜을 들고 종이를 챙겨 책을 읽는다. 이것이 외국어를 읽는 자세이며 머리가 비상하지 않은 평범한 독자의 자세이다. 이렇게 적어가며 필자와 공감하며 혹은 반대로 반박하며 대치하며 읽어 나가는 것이 좋아 계속 책을 읽고 있다.

3) 삼색 볼펜

책을 더럽히는 것은 싫은데 종이에 뭔가 사각사각 적는 걸 좋아한다. 여백이 아닌 따로 종이를 마련해 적는 이유는 적고 싶은 것을 책의 여백이 감당하지 못하기 때문이다. 적는 것은 밑줄 치고 넘어가는 것 그 이상의 매력이 있다.

챕터 제목을 검은색으로 차분하게 적어 보면 내가 지금 무슨 내용을 읽고 있는지가 보인다. 한 자 한 자 좋은 문구를 파란색으로 필사하다 보면 마음속에 좋은 표현을 새기게 된다. 어느 순간 내 생각이 떠올라 빨간색으로 적다 보면 마음속에 두서 없이 쌓여있던 것이 차곡차곡 정리되는 느낌을 받는다. 이런 것을 우리 조상들은 책을 읽다가 생각이 떠오르면 달아나기 전에 질주하듯 적는다 해서 질서라고 불렀다는데 내 방식이 선조들이 썼던 방식과 비슷하다니 신기하다.

이렇게 바르게 읽고(검은색 볼펜), 깊게 흡수하고(파란색 볼펜), 내 생각을 출력해(빨간색 볼펜) 나가기에 종이 메모는 더 없이 좋은 방식이 된다. 또한 쓰다 남은 종이를 재사용하니 쓰레기통으로 갈 뻔한 것에 새 삶을 준 것 같아 그것 역시 기분 좋은 독서가 된다.

그래서 삼색 볼펜은 나와 뗄 수 없는 기본 아이템이다. 팩트는 검은색으로 쓰고, 강조할 부분은 파란색, 생각은 빨간색으로 쓰면 평면적이었던 책 읽기가 입체적으로 변한다.

이 책에 나오는 대부분의 생각들은 모두 내가 빨간색으로 써 둔 것에서 나온 것이다. 메모지에는 책의 내용을 충실히 이해하며 목차나 제목을 적거나(검정) 필사를 하는 것뿐만 아니라(파랑), 생각을 충분히 쏟아내며 적는데(빨강) 이것이 바로 책쓰기의 재료가 되는 것이다. 한 권의 책을 끝냈는데 유난히 메모가 짧고 색깔펜으로 쓴 부분이 적다면 그 책은 중요한 부분이 적거나 내 생각이 덜 나왔던 책이라고 할 수 있겠다.

아무리 생각해도 목차-대제목-중제목-소제목으로 적어가며 읽는 습관과, 어떤 문구에서 생각이 떠올라 잠시 그 생각들을 쏟아내며 읽는 습관과 차분히 좋은 글을 필사하는 독서 스타일은 정말 고맙게도 최고의 독서 노하우인 것만 같다. 블로그 이웃분 중에 '삼색볼펜'이라는 대화명을 쓰는 분이 계신데 그 덕분인지 어느날 번뜩

'그래! 삼색 볼펜!'이라며 마치 유레카를 외치듯 최고의 노하우가 떠올랐다. 읽는 것도 바르게 호흡을 조절해가며 읽을 수 있고, 책 읽는 속도와 호흡과 감상이 편안해지는 것을 느끼게 된다.

질이 안 좋은 삼색 볼펜을 찌꺼기 닦아가며 쓴다. 어떨 때는 나역시도 만년필을 동경한다. 멋들어진 펜으로 쓰고 싶을 때가 있다. 그런데 만년필은 3색으로 나오지 않으니 내 독서 라이프에 만년필은 접근하지 못할 것 같다. 집에 뒹구는 수첩이나 노트나 이면지를 잘라 글을 쓰고, 집에 쓰다 남은 펜을 알뜰하게 쓰는 초보 수준의 문방구 이용자다.

뭔가를 계속 쓰다 보면, 예를 들어 핸드백, 지갑에서 명품의 차이를 알아채듯 문방구에서도 그런 것을 느끼게 될까? 이렇게 쓰고 보니 문방구 수준은 형식을 갖춘 우아한 고급 핸드백이 아니라 봉지들고 외출하는 느낌이 드는데 나름 괜찮다. 봉지 들고 외출하면 뭐어떤가 봉지 안에 명품이 들었으니 괜찮다고 위로해 본다. 명품 속에 봉지가 든 것보다 나은 것 같고, 스스로도 굳이 신경 쓰이지 않고 남들이 모르는 비밀을 챙겨 다니는 것 같아 흥미롭기도 하다.

찌꺼기 닦아가며 쓰는 필기구냐 브랜드명 멋들어진 명품 필기구냐에 대한 고민을 적은 이 글이 혹시라도 나중에 보면 부끄러워 질수도 있겠다. 그래도 환경 보호, 물자 절약 차원에서 이면지, 쓰다버린 공책과 수첩 그리고 오랫동안 책상 서랍 구석 어딘가에서 방치되어 빛을 보지 못한 그런 필기구를 아껴가며, 책 사이즈에 맞게 오려가며 알뜰살뜰 읽고 싶다. 책도 그렇게 지금 가진 것에서 많은 걸 깨달으며 읽어 나가고 싶다.

4) A6 단어카드

우리가 읽는 책은 외국어로 되었기 때문에 이 단계를 알려드려야만 할 것 같다. 메모지에 적은 것을 다시 읽어 보며 단어카드에 정리를 하는 것이다. 앞에서 잠깐 소개를 해 드렸는데 단어카드 하나에는 하나의 단어를 정리한다. 그리고 이 단어카드는 상자 하나를 만들어서 보관한다.

단어카드 오른쪽 상단에는 단어를 쓴다. 그래야 나중에 알파벳 순서로 정리하기에 좋고 단어를 찾을 때도 편하기 때문이다. 왼쪽으로 와서 발음과 뜻을 적는데, 발음은 우리말로 적는 것이 좋다. 단어를 찾으면 한 단어가 가진 여러 가지 의미가 다 뜨는데 이 문장에 해당하는 의미만 적는다. 외워지지도 않는 다른 의미까지 신경쓸 필요가 없다. 메모지에 장면을 적었던 것을 기억해 내서 장면과 문장을 적어둔다.

이렇게 책 하나에 대해서 단어카드를 모아둔다. 이때 장면이 생생하게 기억나는 단어는 다 옮겨보는 것이 좋다. 물론 모국어책이 아니라서 단어를 찾아도 이해가 어려운 문장도 있을 수 있기 때문에 중간 중간에 옮겨 적기 힘든 단어들도 있을 텐데 그런 것은 빼고 적어도 된다. 최대한 생생하게 이미지가 그려지는 것들을 모아서 적어둔다.

이때 먼저 적은 단어와 중복되는 경우가 있는데 그것이 중요하다. 다시 그것을 적어 보면서 그 단어에 대해서 충분히 그림을 그려내고 이해할 수 있다.

그러면 그 카드는, 즉 그 단어에 대해서 다양한 이미지가 두뇌에 저장이 되는데 그러면 그 단어는 정말 내가 아는 단어가 되고 다음 책에서 봐도 굳이 사전을 들추지 않아도 된다. 영화를 볼 때도 들리고, 어느날 내 입으로 발음할 수도 있게 된다. 이렇게 모은 카드, 즉 단어가 10,000장은 넘어야 원서 읽기가 수월해진다. 단어를 공부한다고 Vocabulary 22000, Vocabulary 33000류의 책을 달달달 외운 적이 있었는데 이렇게 단어카드를 만들어 바르고 정확하게 이해하면 그런 책 제목 절반의 단어 실력으로도 어휘 실력을 충분히 갖출 수 있다.

준비물에 대해서 너무 많은 말을 했는데, 별 것 아닌 것 같지만 이렇게 탄탄한 나만의 노하우가 영어 원서를 지속적으로 읽게 해 준 것만 같다. 나에게는 정말 소중하기에 소소한 노하우를 나누고 싶었다. 몇 년에 걸쳐 시도하고 수정하고 다시 도전하면서 얻은 노하우라서 당장 시작하기 버겁거나 번거롭다고 느껴질 수도 있을 것이다. 독자분께서는 더 나은 자신에게 맞는 노하우를 찾으시길 바라고, 나의 노하우가 조금이라도 도움이 되길 바란다.

등장인물이 쏟아질 때

원서를 읽다 보면 단어나 문법도 어렵게 느껴지지만 등장인물의 성향을 마지막까지 기억하며 이야기를 이해하는 것이 사실은 더 어렵다. 등장인물이 어려운 것은 우리말로 쓰인 그리스 로마신화 책을 읽을 때도 그렇고 《아리랑》, 《태백산맥》, 《토지》와 같은 대하소설을 읽을 때도 마찬가지다.

신화에 대한 이야기를 읽을 때면 많은 신들의 이름도 어렵고, 얽

히고 설키는 관계들이 복잡해서 눈으로만 읽는 것보다 메모하고 관계도를 그리면서 읽으면 이해가 쉽다. 이것은 원서에서도 마찬가지다. 특히 영어는 도시 이름, 인물 이름이 생소하기 때문에 눈으로만 읽으면 졸리고 그 책은 주인 잘못 만나 재미없는 책이 되고 만다. 그러나 메모하며 읽으면 명쾌해지고 재미있어진다.

특히나 영어 원서는 모국어책보다 더디 읽게 되니 앞에 툭 나왔던 인물이 100페이지 넘어서 중요 인물이 되기도 할 때는 그 전의 상황이 생생하게 기억나지 않는다. 그러므로 앞에서부터 다시 읽어야 하거나 흥미가 떨어져서 읽다가 말다가 하게 된다. 소설을 읽을 때는 등장인물을 따로 메모하며 챕터를 넘나들며 추가하고 관계도를 그려나가는 것이 좋다.

등장인물이 10명을 넘기 시작하면 그때부턴 누가 누군지 헷갈린다. 예를 들어 퓰리처상 수상작인 《Olive Kitterage》에서는 각 챕터마다 등장인물들이 달라지는 구성이다. 이 소설은 전체 이야기 속에 Olive가 등장하고 Olive 주변 인물들이 달라지면서 이야기가 흘러간다.

각 챕터마다 새롭게 쏟아지는 인물들과 다른 챕터에서의 인물들의 연관성을 고려해서 읽어야만 했다. 등장인물을 메모하며 읽는 습관을 들이지 않았더라면 중간에 포기하고 말았을 것이다.

《The Client》는 절반도 읽기 전에 서른 명이 넘는 인물들이 쏟아졌다. 등장인물을 메모하며 읽는 습관을 들인 것이 얼마나 다행인지 모른다. 자살을 시도한 변호사의 경우 Jerome Clifford로도 나왔다가, Clifford라고만 나왔다가, 별명인 Romey로도 나왔다가 하면서 마치 50명이 넘는 등장인물이 나오는 것처럼 정신없이 흘러갔다. 이럴 때 인물맵을 잘 그리면 흐트러지지 않고 계속 읽어 나갈 수 있다.

영어 원서를 지속적으로 읽으려면 이렇게 인물은 하나인데 여러 이름으로 불리는 것에 익숙해져야 한다. 영미권에서는 누군가를 부를 때 이름을 부르기도 하고 family name이나 축약형 별명을 부르기도 한다.

우리로 치면 '홍길동'을 '길동아', '홍아', '길아'라고 부르는 식인데 여자 인물의 경우는 결혼을 해서 성이 바뀌기도 한다. 《Shopaholic》 여주인공 Rebecca Bloomwood는 한 사람인데, Rebecca, Bloomwood, Becky 등 여러 가지로 불리니 정신을 잘 차려야 동일 인물이라고 이해할 수 있다. 《To Kill a Mockingbird》에서 주인공 소녀의 이름은 Scout지만 공식적으로는 Jean Louise Finch이며 옆집 소년 Dill은 소녀를 Miss Priss라고 부르기도 한다. 이렇게 한 사람인데도 여러 가지로 불리는 서양 이름을 기억력에만 의존해서 읽으려면 100페이지도 못 가서 두뇌는 피곤을 느끼고 만다.

메모지에 등장인물의 이름, 나이, 직업, 성격 등 대략적인 것과 인물들 사이의 관계를 줄로 그어가며 읽다 보면 400페이지가 넘는 것도 포기하지 않고 읽을 수 있다. 이런 습관이 잡히면 한참 있다가 다시 어떤 인물이 등장해도 어렵지 않게 스토리를 놓치지 않고 읽을 수 있다. 바쁜 일이 있어 책을 보지 못하다가 며칠 만에 다시 책을 잡아도 스토리가 기억나 중단했던 부분부터 읽을 수도 있게 된다.

모르는 단어가 쏟아질 때

메모를 하며 읽는다고 했는데 바로 단어 때문에 시작된 습관이다. 머리가 영리하지 못하고 기억해야 할 일이 많기 때문에 도저히 기억력으로만 책을 읽을 수가 없어서 시작한 것이다. 메모를 하며 읽는 방법도 여러 번의 수정을 거쳐 왔다. 포스트잇을 덕지덕지 붙이다가(책이 지저분해짐), A4 용지를 접어서 쓰기도 하다가(접은 종이를 다시 펼쳐 보기 싫어짐), 공책에 적기도 하다가(책 따로 공책 따로) 드디어 자리 잡은 방식이 책 크기에 맞게 종이를 잘라 실컷 쓰고 그 책에 끼워 보관하는 것이다.

적으면서 읽는 이유는 일단 단어와 인물이 익숙하지 않기 때문이다. 눈으로만 읽으면 사전적인 의미는 이해할 수 있어도 외국인인 저자가 말하고자 하는 뉘앙스와 맥락까지 이해하기는 힘들 때가 있다. 눈으로 읽을 때 모르는 단어가 나오는 것은 그 단어의 사전적인 의미를 몰라서 일수도 있지만 그 의미를 넘어선 문맥이나 뉘앙스 혹은 반어적 표현으로 인해 의미가 선명하지 않을 때도 있다.

책을 읽을 때에는 문자로 보이지 않는 행간에서도 의미를 읽을 수 있어야 한다. 적으면서 꼼꼼히 읽어야 하고, 눈으로만 읽어서는 어려움을 느끼게 된다.

책을 읽기 시작한다고 가정해 보자. 애니메이션 영화 《겨울왕국》을 다시 각색한 영어 원서 책 19쪽에 보니 'coronation'과 'dignitary'라는 모르는 단어가 나온다. 책에 밑줄을 그으며 뜻과 발음이 어떻게 될까 유추해 보고 발음도 해 본다. 책의 흐름상 내가 생각한 뜻이 맞는 경우가 많지만 그래도 외국어니 제대로 익히고 지나는 것이다. 그러면서 사전을 찾아본다. 뒤에 자세히 사전에 대해 말하겠지만, 사전은 네이버 사전 어플을 이용하는 편이다.

종이 사전보다는 스피커 기능이 있는 인터넷 사전을 선호하는데 그것은 발음을 들어보기 위해서다. 그럼 궁금했던 책속 단어에는 밑줄을 긋고, 메모지에는 '페이지 숫자 - 단어 - 뜻 - 발음 - 장면'을 쓴다. 밑줄 친 단어 'coronation'과 'dignitary'라는 단어는 메모지에 이렇게 적는 것이다.

19. coronation 대관식 [커로네이션] – 엘사가 여왕이 되는 대관식이
    열리는 날
19. dignitary 고위관리 [디그니터리] – 주변국에서도 고위관리들이
    축하 방문

《When My Name Was Keoko》를 읽다가 17페이지에 welt라는 단어가 생소해서 밑줄을 그었는데 그 때 메모지에는 이렇게 쓰는 것이다.

17. welt 맞거나 쓸려서 피부가 부푼 자국 [웰t]
    회초리에 맞아서 부푼 자국을 보는 어머니

그럼 이렇게 적는 이유를 좀 더 알아보자.

1) 페이지 숫자

책에는 모르는 단어에 밑줄을 긋고, 메모지에는 페이지 숫자를 먼저 적는다. 그래야 나중에 복기할 때나 단어카드에 정리할 때 도

움이 된다. 한참 지나 다른 책을 읽다가도 생각이 나서 전에 읽었던 책을 찾아볼 때가 있는데 이때 이 페이지 숫자가 일종의 색인 역할을 해 주기 때문에 페이지 숫자를 적어 두는 것이 좋다.

2) 발음 기호

난어와 뜻을 적는 방법은 흔하지만, 발음을 적는 것은 드문 일인데 좀 독특하게 우리말로 적는 편이다. 또한 영어는 강세의 위치로 발음이 달라지기 때문에 강세도 중요하다. McDonald를 일본식으로는 [마그도나르도]라고 읽는다며 우스갯소리를 하지만 실제 발음은 [먹다:날]에 가깝다. 한국식으로 [맥도날드]라고 발음하는 것이 영미권에서 통하지 않는 이유가 바로 강세로 인한 발음의 차이 때문이다.

발음을 굳이 적어 두는 이유는 어느 한 단어를 보고 발음과 뜻이 바로 생각이 나야 진짜 아는 단어가 된다. 한글로 쓰는 이유는 적으면서 한 번 더 입으로 조음할 수 있고 기억에 오래 남기 때문이다. 단어의 뜻만 찾아보고 휙 지나가 버리면 이 단어는 계속 내가 아는 듯 모르는 단어로만 남게 된다. 발음 기호를 써 두는 방법도 있지만 그냥 우리말로 적어 두는 걸 선호한다. 이런 방식이 구식이라고 시중에 나와 있는 영어 교재들이 꼬부랑 발음 기호로 다 바뀌었지만 나는 이 방법이 좋다.

예를 들어 gush는 [거쉬], grind[그라인d]라고 쓰면서 발음하고 익히는 것이다. 발음 기호는 발음을 제대로 하기 위해 도와주는 도구다. 꼬부랑 발음 기호들은 그 발음 기호 자체를 공부하기 위해서 필요한 것이 아니라 내 입으로 제대로 발음하고 누군가가 하는 발음도 잘 이해하기 위해서 필요하다.

우리는 가끔 발음 기호를 제대로 아는 것이 무슨 능력처럼 생각하는데 그럴 필요가 없다. 요즘은 컴퓨터나 스마트폰 어플로 발음을 다 들을 수 있으니 그 소리대로 발음해보며 적어 두면 된다. gush를 [구쉬]라고 하지 않고 [거쉬]라고 말할 수 있고 들을 수 있으면 되는 것이다.

《The Last Lecture》를 읽다 보면 demise라는 단어가 자꾸 나온다. 사전을 찾으면서 [데미스], [데미즈], [디마이스], [디마이즈], 어떻게 발음이 될까 궁금했는데 소리를 들어보니 [더**마**이즈]였다. 이런 경우 [더**마**이즈]라고 적으면서 입으로 몇 번 발음해보면 실제로 demise라는 단어를 들어도 잘 들리고 눈으로 봐도 뜻이 바로 오게 된다. 눈으로 스펠링만 보고 가는 것과 내 입으로 발음해보는 것은 이렇게 큰 차이가 있다.

《My name is Lucy Barton》 책은 병원에 입원한 장면에서 시작한다. IV apparatus(정맥주사장치)라는 단어를 처음 봤을 때 [어**패**러터스]라고 발음될 거라고 예상했지만 사전을 찾아 들어보니 [애퍼**래**러스]에 가깝게 발음되었다. 3음절에 강세가 있었고 t는 거의 r로 발음되는데 이 단어를 보고 [어**패**러터스]라고 대충 넘어가면 아무리 뜻을 안다고 해도, 또는 apparatus를 눈에 사진을 찍듯이 외웠다고 해도 발음을 제대로 익히지 못한 것이라서 모르는 단어가 되고 마는 것이다.

이렇게 꼼꼼하게 발음과 의미를 짚고 넘어가니 이 단어를 다시 다른 책에서 보게 되었을 때 오히려 반가웠다. 《Korea》라는 책에서 였는데 이 책은 한국에 거주하던 The Economist 기자가 한국의 역사와 사회에 대해서 쓴 것이다.

"Thus, the long Joseon period saw the retreat of Buddhism, its practitioners pushed to the margins of society by the repression of the state apparatus."라는 문장에서 이 단어 apparatus가 등장한다. 문장의 뜻은 길었던 조선 왕조 기간에 불교는 후퇴하였고, 불교인들은 국가 조직체의 억압에 의해서 사회의 구석으로 보내지고 말았다는 말이다.

이렇게 발음과 뜻을 제대로 연상하며 기억하면 그 단어를 다른 책에서 보면 반갑게 느껴진다. 또는 원래 아는 뜻과 다소 엄격하게 쓰이더라도 그 뜻을 바로 상상해 낼 수 있다. 대충 눈으로 봐서 알 것 같은 단어 melodious는 melody에서 온 단어로 '듣기 좋은, 음악 같은'이라는 뜻인데 보는 순간 [멜로디어스]라고 대충 이해해버리게 된다. 막상 사전을 찾아보면 [멀로우리어스]로 들린다. 이렇게 우리가 생각하는 발음과 실제 발음은 조금씩 다른데 그런 미묘한 것을 잘 캐치하는 것이 발음을 잘 하는 길이기도 하다.

강세와 발음을 제대로 익히고 이해하는 것이 중요하다. 그래서 촌스럽지만 우리말로라도 발음을 적어가며 입으로 연습하는 것이고 이것은 다른 외국어를 공부할 때도 마찬가지다. 단어가 마구 쏟아져 그것 때문에 늦게 읽는다 해도 좋다. 강세와 발음을 잘 기억하며 적어 두면 그 단어는 다시 반복이 되고 결국 다른 책에서는 다시 찾지 않아도 되는 내 실력이 된다.

3) 장면

단어에 일대일 대응하는 의미만 알고 원서를 읽어도 될 것 같은데 장면을 설명하듯 풀어서 쓰는 이유가 궁금할 것이다. 모르는 단어를 의미만 찾아 메모하면 빠르게 읽을 수 있어서 좋을 것 같은데 장면을 굳이 적어 두는 이유는 단어 하나를 알더라도 장면 속에서 제대로 기억하기 위함이다. 단어를 장면의 도움 없이 암기만으로 기억하는 것은 한계가 있고 그렇게 얕게 기억한 것은 다시 공중으로 사라져 버린다. 책을 읽는다는 것은 글자를 제대로 이해하고 의미를 제대로 파악하는 것으로 뜻을 새겨가며 읽어야만 가능하다.

모국어의 경우에도 사실 따로 단어 공부를 하지 않는다고 하는데 수많은 장면과 그를 설명하는 표현들이 자연스럽게 쌓여서 편하게 말을 할 수 있어서 그런 것이다.

예를 들어 '어머니'라고 하는 순간 바로 내 어머니를 연상하는데, 나도 인지하지 못할 만큼 단어에서 오는 이미지를 빠르게 연상하고 지나간다. 외국어도 단어를 보는 순간 그 단어의 풀이가 아니라 제대로 발음해 읽고 이미지가 순식간에 연상되어 지나가야 한다. incarcerate라는 단어를 마주쳤을 때 [인카r써r레잇] 이라는 소리가 바로 연상이 되고 '감금하다, 투옥하다'라는 뜻이 글자로만 이해하는 것이 아니라, 감옥에 갇히는 장면을 연상하고 지나가야 오래 기억되고 제대로 쓸 수 있게 된다.

'필리버스터'라는 단어를 사전에서 찾아 'filibuster : 의회에서의 의사 진행 방해 연설'이라고 뜻을 아는 것보다는, 뉴스를 통해 먹지도 쉬지도 못하며 법안처리의 부당함을 말하고자 했던 장면을 기억하고 있으면 이 단어는 내가 아는 단어가 되는 것이다.

사전 속 의미는 말 그대로 사전적 의미다. 원서를 읽다 보면 기본적인 사전적 의미에다가 은유, 비유 등 약간씩 뒤틀어서 표현한 장면들이 많다. 그래서 장면이 중요한 것이다. 사람의 기억력은 한계가 있어서 중요하지 않거나 반복되지 않는 것은 당연히 잊게 된다. '영단어+뜻'으로 적어 둔 것은 책을 읽는 동안에도 그 다음에도 별로 도움이 되지 않았다. 고생하며 찾았는데 1회용품이 되는 기분이 자꾸 들었다.

당장 위에서 소개한 예시문만 봐도, 'coronation 대관식'이라고 적는 것보다 'coronation 대관식[커로네이션] : 엘사가 여왕이 되는 대관식이 열리는 날'이라고 적어 두니 더 기억에 오래 남는 것처럼 느껴진다. 장면을 적어 두면 이미지가 기억에 남아 단어를 외우기에도 좋고, 그런 장면에서 적절하게 어휘를 기억해 낼 수 있어서 말하기나 쓰기에서도 콩글리시가 아닌 상황에 맞는 적당한 표현을 찾아낼 수 있다. 이렇게 단어를 적어가며 읽는 것이 속도를 더디게 하지만 장기적인 시선으로 보면 결코 느리지가 않다. 제대로 읽기 때문에 어느 순간이 되면 정말 단단하면서도 빨라지기 때문이다.

생각이 쏟아질 때

단어를 찾고 메모하며 차근차근 읽다 보면 내 생각이 쏙쏙 떠오를 때가 있다. 이런 현상은 바르게 정확히 읽고 있다는 증거이기도 하다. 문득 떠오르는 생각을 그냥 날려 보내기 싫어서 이때도 빠르게 적어 내려간다. 책을 읽는 것이 입력하는 행위인 것 같지만 사실 수도 없이 내 생각이 출력되는 과정이기도 하다.

초반에는 최대한 많이 입력하는 것이 재미있었는데 어느 순간부터는 출력되는 생각이 휘발되지 않도록 붙들어 적는 것이 재미있어졌다. 그래서 그 순간에 생각들을 포착해서 적기 시작했는데 완독하고 나서 그 메모들을 보는 것도 좋고, 시간이 흘러 재독할 때 그 당시 내가 적어둔 생각을 읽는 것도 좋다. 마치 과거에 찍은 앨범을 들여다보는 느낌이 든다. 내가 몇 년 전 이 책을 읽을 때 이런 생각을 했다니 우습기도 하고, 대견하게 느껴질 때도 있다.

이런 생각이 쏟아지는 순간은 작가와 내가 소통하는 순간이기도 하다. 마음을 쿵하게 하는 좋은 문구를 만났거나 작가의 글과 내 생각이 다른 타이밍인데, 그럴 때는 그냥 밑줄만 그어 끄덕끄덕 거리며 지나치지 말고 이 문구가 왜 나를 감동시켰는지 우리말로 설명을 적거나 갑자기 드는 질문이나 감상을 한 줄이라도 적어 보면 좋다. 시간이 걸리긴 해도 책 한 권을 제대로 읽은 효과를 얻을 수 있다. 내 생각을 좀 더 추가하는 것이 작가와 교감하는 계기가 되기 때문이다.

또한 그 책을 읽을 때 감동받아 밑줄을 그어 두었는데 시간이 지나 다시 보면 이게 무슨 의미라서 나에게 감동을 주었던 것인지 그때의 감동과 이유가 기억이 나지 않을 때가 있다. 그때 간단히 적어둔 한 줄 감상이 도움이 된다.

이렇게 적으며 읽는 것을 무척 좋아하는 편이다. 책의 감동을 다시 되새기는 단계이며, 시간이 흘러 그 책에 대한 기억이 가물가물해질 때 내가 적은 글을 보며 과거의 나와 만나기도 하기 때문이다.

'내가 이런 글을 썼었나? 또는 내가 이런 글을 읽었었나?'라고 깜짝 놀랄 때도 많다. 망각 속도에 놀라고 동시에 기록의 힘에도 놀라곤 한다.

무언가를 쓰지 않고 읽기만 했다면 한번 써 보기를 권한다. 그것이 연습장에 깜지를 채우며 공부하는 것이 아니라 간단한 메모라 할지라도 쓰다 보면 좀 더 명쾌해지고 정교해진다. 학창 시절에도 내내 적으며 공부했던 것처럼 그냥 읽는 것보다는 적는 것이 좋다. 지금 명쾌하게 이해되어 좋고 다시 읽어 보기 위해서도 좋다.

좋은 문구가 쏟아질 때 - 필사

어느 배우의 대사처럼 한 땀 한 땀 바느질하듯 문장 하나하나에 집중하며 읽다가 어느 한 문장에서 머무는 일은 내가 책을 읽는 이유이기도 하다. 그것은 감동적인 문구일수도 있고 유쾌하고 기발한 문장일 수도 있다. 그 문장은 살아 움직이듯 내게로 오는데 그때 잠시 숨이 멎는다. 그때는 주변 소음도 사라지고 모든 장면이 정지된 듯, 내 눈은 그 문장에 머물고 메모지를 꺼내 한 자 한 자 적어 내려간다. 그 문장을 적으면서 머릿속에 떠오르는 생각도 같이 적는다.

그럴 때는 그 뒤로 더 이상 읽지 않아도 그 책을 완독한 듯 뭔가 채워지는 느낌이 드는데 그 순간의 머뭄 때문에 늦은 템포지만 꾸준히 독서를 해 오게 되었는지도 모른다.

책을 읽다 보면 눈으로 흡수되어 의미가 되는 글도 있지만, 작가와 깊게 공감하며 한 글자 한 글자 예쁘게 따라 적어 보고 싶은 글들이 있다. 그것은 나지막이 소리를 내어 읽으며 기억하고 싶은 삽

입된 시의 경우도 있고, 앞으로 살아가며 기억하고 싶은 글일 때도 있다. 또한 기억했다가 영어로 써 먹고 싶은 문장일 때도 있다. 눈으로 속도감 있게 읽다가도 잠시 숨을 고르고 펜과 메모지를 꺼내 적다 보면 더 깊이 와서 박히는 것을 느끼게 된다.

책에 글이 인쇄되는 방식은 종이의 폭과 여백 때문에 문장이 애매한 부분에서 다음 줄로 끊어지곤 한다. 그러나 필사를 할 때는 내 호흡에 맞게 내가 끊어 읽는 그 길이에 맞게 적어 보는데 그때가 참 좋다. 길고 긴 하나의 문장이 하나의 시로 태어난다. 내 호흡에 맞게 적어 보고, 간단한 번역을 적고, 내 생각을 적어 보는데 그러면 그 문구는 더 깊게 의미있는 문장으로 다시 태어난다. 원서를 천천히 읽다 보면 잠시 머물게 하는 글들을 만날 수 있다고 했는데 바로 이런 것이다.

'Men have forgotten this basic truth,' said the fox.
'But you must not forget it. For what you have tamed,
you become responsible forever. You are responsible
for your rose…'《The Little Prince》라고 책에는 인쇄되어 있는 것을
먼저 페이지를 적고, 내 호흡에 따라 문장을 재배열하는 것이다.

82. 'Men have forgotten this basic truth,' said the fox.
'But you must not forget it.
For what you have tamed, you become responsible forever.
You are responsible for your rose…'

(여우가 왕자에게 하는 말)

'사람들은 이 기본적인 진실을 잊고 산다고'

'어린왕자는 잊어서는 안 된다고

만약 무언가를 길들였다면, 그걸 영원히 책임져야 한다고

어린왕자 별에 있는 장미에 대해서도 책임이 있다고'

⇒ 알게 되고, 가까워진다는 것, 길들여진다는 것은

그저 많고 많은 것 중에 스치는 것이 아니라 유일한 것이 되는 것.

친구든, 가족이든, 업무로 만난 사람이든, 일이든....

알게 되고 가까워진 것에 대해 책임을 져야 하는 것인지도 모른다.

이렇게 책에 나열된 문장을 내가 이해하는 의미 호흡에 맞게 다시 적어 보는 것이다. 문장을 분석하고 이해하는 데도 도움이 되고 기억에도 오래 남는 장점이 있다. 필사에서 빠뜨려서는 안 되는 것이 약간의 번역과 내 생각을 넣는 단계다. 좀 더 깊게 그 문구를 생각해보고 모국어로 적어 보는 과정이 있어야 더 의미있게 다가오기 때문이다. 하나 더 소개하자면, 《A Man Called Ove》를 읽을 때 필사한 부분이다.

Of all the imaginable things he misses about her,

the thing he really wishes he could do again is hold her hand in his. She had a way folding her index finger into his palm, hiding it inside. And he always felt that nothing in the world was impossible when she did that. Of all the things he could miss, that's what he misses most. 가 원래 책에 인쇄된 부분인데 이것을 내 방식대로 필사를 하면 이렇게 된다. 먼저 페이지 숫자를 적고 호흡에 맞게 문구

를 정리하고 번역을 하고 생각을 적어 보는 것이다.

69. Of all the imaginable things he most misses about her,
    the thing he really wishes he could do again is hold her hand in
    his.
    She had a way of folding her index finger into his palm, hiding it
    inside.
    And he always felt that nothing in the world was impossible
    when she did that.
    Of all the things he could miss,
    that's what he misses most.
    오베가 아내에 대해 가장 그리운 것 중에서
    다시 할 수 있다면 바라는 것은 바로 그녀의 손을 잡는 것
    아내는 검지를 오베의 손바닥에 닿도록 접어서 손을 잡는 버릇이
    있었는데
    오베는 세상 불가능한 것이 없다고 느껴졌다.
    아내가 그렇게 해 주었을 때면.
    그리운 것 중에서,
    그가 정말 그리운 것은 바로 이것.
    ⇒ 손 잡던 사소한 일이 가장 그립다니, 자살의 순간에 나온 아내에
       대한 그리움이 짠하게 느껴진다.

   혼자 사는 이제 환갑인 남자 오베가 세상을 떠난 아내를 생각하
면 가장 그리운 것이 검지손가락을 접어 잡아주던 손이라니. 이렇
게 적으며 읽고 나서 퇴근한 남편의 손을 잡아 보고 검지를 접어보

기도 했었다. 과연 어떤 느낌일까 궁금해서. 남편은 내가 먼저 세상을 떠나면 손 잡아주던 모습을 그리워할지 궁금하기도 했다. 말없이 손을 잡는 나를 보고 남편은 왜 그러냐고 물었다. 책에서 읽은 부분인데 어떤 느낌인지 해 보고 싶었다고 하니 피식 웃었다.

천천히 읽는다는 것은 기계적으로 눈으로 읽는 것 같아도 이런 문구에 호흡을 쉬고 생각하며 머물러보는 것이다. 이런 문장에서 머무는 것이 너무 소중해서 사전을 힘들게 찾아가며 원서를 읽는 것인지도 모르겠다.

필사의 이유를 들자면, 책 읽기는 물이 흐르듯 글자에 내 마음을 맡기는 것이지만 중간 중간 잠시 쉬며 새기고 싶은 때가 있기 때문이다. 그것이 기억하고 싶은 멋진 문구든 재미있는 영어표현이든지 간에 잠시 나를 머물게 하는 것인데 꼭 어떤 효능이 있어서 쓰는 것은 아니다. 나중에 무엇을 할 수 있어서가 아니라 적는 것 자체가 좋은 것인데 마음이 내키는 대로 쓰다 보니 좋은 효과를 발견한 것이다.

이 옮겨 적는 그 작업 자체가 차분해지는 행복을 주기도 한다. 좋은 글을 눈으로 읽는 즐거움, 밑줄 치며 공감하는 즐거움, 그리고 한 자 한 자 적어 내려가는 행복감이 조금씩 미묘하게 다르다.

밑줄을 치거나 적는다는 것은 내 두뇌 속에서 그 문장이 마음에 들었으니 그냥 지나치지 말라는 신호를 보낸 것이다. 단지 옮겨 적을 뿐인데도 내 생각이 새록새록 솟아오를 때가 있다.

좋은 영어 문구를 적어 두는 것은 적극적인 책 읽기가 된다. 또한 시간이 흘러서도 나만의 좋은 영어글 모음집이 탄생하고 인생을 살아가는 교훈으로 마음에 새겨지기도 한다.

취미에서 더 나아갈 때 - 나만의 소중한 교재

책을 한 권 완독하면 적어 둔 단어의 뜻, 발음, 장면 정리와, 생각을 메모한 부분, 등장인물 메모지가 꽤나 많이 쌓인다. 가만히 보면 부족하고 바쁜 두뇌를 잠시 쉬게 해주는 보조 도구 역할을 해 주는 것이라는 생각이 든다. 머리로만 이해할 수 없기에 적는 동안에 깊게 이해하도록 도와준다.

그리고 재독을 할 때에도 다시 새롭게 맨땅에서 시작하는 것이 아니라, 그 메모가 바탕이 되어준다. 처음 책을 읽을 때 작가와 나와의 팽팽한 공감 또는 대치의 순간을 경험한다면 재독을 할 때는 작가와 지금의 나, 그리고 또 하나 추가된 과거의 내가 팽팽하게 의견을 주고받는 느낌이 들 때가 있다. 2자 회담에서 3자 회담이 된 느낌이라고 할까.

후다닥 읽어버리지 않고 시간을 두고 꼼꼼히 제대로 읽는다 해도 사람은 잊게 마련이다. 하지만 메모는 망각과 기억 그 사이 어딘가에 머물러 있다가 기억을 되살려준다. 책을 읽어도 아무런 기억이 나지 않는다는 말을 많이 하는데 메모하며 읽으면 잊혀졌던 것도 다시 빠르게 기억할 수 있다. 메모하며 읽기의 장점은 영어단어 실력을 높이는 것 뿐만 아니라 책을 읽는 자세와 마음가짐에도 영향을 미친다.

메모 단계가 단순히 뭔가를 휘갈겨 쓰는 것이라고 생각하면 안 된다. 바르게 적으면서 읽으면 눈으로 읽는 것이지만, 귀로 들었고 입으로 발음하면서 읽는 것은 쓰기, 말하기, 듣기 훈련까지 동시에 할 수 있게 된다. 약간 고생스러워도 여러 가지 영역을 한꺼번에 잡을 수 있는 장점이 있다. 주말이나 여유 시간을 마련해서 메모들을 한번 소리 내어 읽어 보면 좋다. 발음이 좋아지고 문장을 이해하는 능력이 성장했음을 느끼게 되고 듣기 능력 향상에도 도움이 된다. 자기가 밀할 수 있는 것은 들을 수 있기 때문이다.

영어를 잘하는 것은 새로운 책이나 교재를 잘 익히고 이해하는 것도 중요하지만, 반복하고 자기가 써둔 메모나 단어를 수시로 들여다 볼 수 있는 용기가 있는가가 더 중요하다. 메모는 고스란히 보존하려고 만든 것이 아니기 때문에 다시 읽어 보면서 단어를 체크하기에도 좋다. 시간이 흐르면 이런 단어도 찾았었나 하며 기초적인 단어 수준에 코웃음이 나기도 하고 밑줄을 치고 자기 생각을 적은 부분을 읽다 보면 그 글에 공감했던 과거의 자신을 만날 수도 있다.

자기가 적어둔 단어와 생각 메모는 훌륭한 읽을거리이자 나만의 책이 된다. 빈출 어휘를 수록한 베스트셀러 보카책보다, 마음을 울리는 명언을 모은 영어명언집보다 더 소중한 자료가 된다. 남의 손을 거친 단어보다 남을 울린 감동의 글보다 더 든든한 인생의 지원군이 되어준다.

책 뒤편에 책의 부록처럼 자리 잡은 메모들과 수천 장 넘는 A6 단어카드들과 오디오북 파일들은 영어 원서와 함께한 경험이자 추억이다. 취미에서 나아가 나의 삶을 지탱하는 기둥 같은 것이 되었고 여러 번 말씀드리는 비유지만, 인생을 돌아보고 함께할 수 있는 사진첩 같은 것이 되었다. 그래서 이렇게 메모하고 단어를 정리해서 빌드업시키고 오디오북 파일들을 하나하나 늘려나가고, 또는 전에 기록했던 것을 재차 읽는 것은 내가 시간을 차분하게 보내는 방식이기도 하다. 그래서 영어 원서를 읽은 것인데 어학 실력을 올리려고 시작한 일이 더 나아가 삶에 있어 힐링을 주고 사색을 하게 해준다.

사전이 필요해

원서를 읽을 때면 단어를 찾을 것인가에 대한 궁금증이 자연스럽게 들게 되고 그런 질문들도 참 많이 받았었다. 당연히 단어를 찾으며 읽기를 권하며 사전은 필수라고 말한다. 나는 사전을 좋아한다. 영한사전, 영영사전, 국어사전을 다 이용한다. 사전은 언어를 배우는데 기본 중에 기본으로 외국어를 공부할 때는 정말 필수라고 생각한다.

알파벳 순서로 사전을 찾는 동안 두뇌에서는 철자를 기억한다. 그 단어를 찾으려고 사전의 페이지를 넘기거나 어플에서 철자를 입력하는 동안에도 입으로 발음하며 찾게 된다. 자기가 추측했던 발음과 사전에서 알려주는 발음이 같은지 비교하면서 찾는 과정에서 바른 발음을 연습할 수 있다.

영한사전의 경우는 그 단어의 용법 및 우리가 문법이라고 하는 내용들까지 대부분 담겨 있다. 특히 한국인이 약한 should, could와 같은 조동사나 have, take와 같은 동사들의 용법은 사전을 읽다 보면 자연스럽게 구분해 익힐 수 있게 된다.

또한 어떤 동사에는 같이 어울리는 전치사가 따라 붙는데, succumb(굴복하다)라는 단어가 궁금해서 찾아보면 succumb to가 관용 표현이라는 것을 알게 되고. gnaw라는 단어는 닭다리를 뜯어먹는 장면에서 자주 나오는데 '물어먹다, 갉아먹다'라는 뜻으로 뒤에는 on이 나오는 것을 자연스럽게 배우게 된다. 이런 과정을 거치다 보면 그 단어가 주로 쓰이는 용법에 대해 제대로 알게 되는 것이다.

영영사전은 머릿속으로 장면을 그리는데 도움이 된다. 원서를 읽다가 영한사전을 찾았는데도 의미가 잘 오지 않아 영영사전을 참고해 보면 마지막 2%를 꽉 채워주는 느낌을 받을 때가 있다. 누군가에게 이 단어를 영어로 설명한다고 생각하고 읽어 보면 더 바르게 이해할 수 있다.

우리는 스마트폰에 사전을 가지고 다니고 있어 언제라도 검색할 수가 있다. 나는 우리말도 궁금하면 사전을 찾아보고 새로운 표현도 찾아본다. 그리고 영어 원서를 읽을 때와 마찬가지로 메모하면서 그 단어의 정확한 용법을 제대로 이해하고 넘어가는 편이다. 모국어든 외국어든 호기심이 생기면 단어를 찾아서 메모하고 내 것으로 만들어 버리는 것이 속 편하다는 생각이 든다. 기억도 오래 가고 적절한 타이밍에 잘 쓸 수도 있기 때문이다.

가지고 다니기 편하고 발음되는 소리를 들어보기 위해서 주로 스마트폰 어플 사전을 자주 쓰는데, 생각해 보면 책을 읽다가 사전을 찾을 수 있는 조건이라는 아주 좋은 환경에 있는 것이다. 스마트폰이 세상에 나온 것이 고맙다는 생각이 들 때가 있는데, 그 이유 중 하나는 오디오북을 어플로 들을 때와, 사전과 구글 어플 때문이다.

사실 한국어로 된 책을 읽을 때에도 국어사전도 찾고 메모하며 읽는 편이라고 했는데 이런 것이다. 《책은 도끼다》에서 《안나 카레니나》의 일부를 소개한 글에서, "마치 그가 모자나 프록코트의 스타일을 고르지 않고 여느 사람들이 입고 있는 그대로 따라 입는 것과 같은 것이었다."라는 부분에서 '프록코트'의 정확한 뜻을 모르면 찾아보는 것이다.

국어사전에는 의미가 '남자용 서양식 예복의 하나, 보통 검은색이며 저고리 길이가 무릎까지 내려온다.'라고 되어 있다. 그러면 이 단어는 영어에서 왔기 때문에 'frock coat'도 찾아본다. 영한사전에는 '과거 남자들이 입던 긴 코트, 이제는 특별한 의식 때만 입음'이라고 나오는데 모양이 명쾌하게 그려지지 않으면, 이번에는 구글 이미지를 검색해 보는 것이다. 그럼 여자들이 드레스를 입던 시절 남자들이 입던 무릎 아래까지 오는 코트인 것을 알게 된다.

영한사전에서 글자로 설명하는 것이 선명하게 오지 않을 때가 있는데 이럴 때는 구글 이미지를 검색하면 좋다.

원서를 읽다가 'manila envelop'이라는 표현이 나와 영한사전을 찾으니 '마닐라지로 만든 봉투'라고 했다. 그 의미가 선명하지 않아서 '마닐라지'를 국어사전에서 찾았더니 '목재 펄프에 마닐라 삼을 섞어서 만든 질긴 종이'라고 나왔다. 이렇게 글자로 읽어도 이미지가 선명하게 오지 않아서 구글 이미지를 검색했는데, 우리가 흔히 '각봉투'라고 부르는 그 봉투가 바로 'manila envelop'이라는 것을 알수 있었다. 이렇게 이미지 하나로 흐릿했던 뜻이 선명해지는 때가 있는데 구글 어플의 도움이 컸다.

원서를 읽다 보면 단어를 몰라서 이해가 어려운 경우도 있지만 사실 기업명, 기업인, 학자명, 연구 프로젝트, 상표명, 영화배우, 작가, 가수, 운동선수, 박물관, 프랜차이즈 매장 등을 몰라서 이해가 어려운 경우도 있다. 우리가 궁금하면 네이버, 다음과 같은 포털 사이트에서 정보를 검색하듯이 이런 경우에는 구글에서 이미지를 검색하며 책을 읽는 것이 좋다.

영어 원서를 읽는 데에 모르는 단어가 장애가 된다고 생각하지만 사실 많이 읽다 보면 단어 때문이 아니라 영미권 상식의 부족으로 이해가 어려운 경우도 있다. 우리도 '유관순 누나'라고 하는 순간 태극기를 든 항일 운동과 소박한 한복 차림의 소녀를 바로 연상하듯이, 영미권에서도 이름만으로 연상되는 이미지라는 것이 있는데 아무래도 외국어를 배우는 우리 입장에서는 그 그림을 그리기가 쉽지 않고 상식도 부족하기 때문이다.

사전을 하나 찾으면 꼬리에 꼬리를 물 듯 계속 연관 단어를 찾아보게 된다. 그런 작업이 시간을 뺏는 것일 수 있지만 이런 반복과 노력을 통해서 그 단어는 피상적으로 대충 아는 것이 아닌 정말 내가 제대로 아는 단어가 된다. 그럼 정확하게 말할 수 있고 쓸 수 있게 된다. 바르게 입력이 되었기 때문에 바르게 쓸 수 있는 것이다.

영화를 자막 없이 볼 때 'mother, book, yesterday' 등의 단어가 끊어지듯 그래도 들리는 것은 이런 단어는 소리와 의미를 알고 있고 발음할 수 있기 때문이다. 즉, 아는 단어이므로 들린다는 것이다. 그러니 자주 반복하면서 내가 아는 단어로 만드는 것이 중요하다.

영영사전을 많이 쓰지는 않는다. 영어로 표현하려면 어떻게 될지 궁금해서 찾아보기는 하지만, 책을 읽는 동안에는 영한사전을 더 이용하는 편이다. 이미 읽고 있는 텍스트가 영문이기 때문에, 그 뜻의 이해마저 영어로 한다는 것이 오히려 의미가 더 선명하지 않기 때문인데 영한사전을 이용하고 장면을 잘 캐치하면 불편함을 느끼지는 않는다. 영어 원서를 읽고 있고 이미 장면이 머리에서 그려지고 있기 때문에 그것을 사전적 의미로 풀어 쓴 영어식 표현을 읽을 필요는 없다고 생각한다.

오히려 영한사전을 찾고도 그 뜻이 명쾌하게 오지 않으면 국어사전을 열어보는 편이다. 예를 들어, paranoid라는 단어를 찾았다고 하면, 그 뜻이 '편집증적인'이라는 뜻이라고 나온다. 글자만 읽었을 때에는 문서를 작성할 때의 '편집기능'이 바로 연상되면서 의미가 거슬리게 되고 '편집증'이라는 것도 의미가 오지 않고, paranoid라는 단어의 뜻도 명쾌하게 오지 않았다. 이럴 때는 영영사전을 찾기 보다는 국어사전을 찾는 것이 더 좋다.

'체계가 서고 조직화된 이유를 가진 망상을 계속 고집하는 정신병 또는 피해망상증' 이렇게 되면 'paranoid'와 '편집증과 피해망상증'이라는 장면이 지금 읽고 있는 영어 원서 문장의 장면과 잘 이해되면서 영어뿐만 아니라 국어 어휘도 풍부해짐을 느끼게 된다.

하나 더 예를 들어보면, Alain de Botton의 책 《On Love》에 이런 말이 나온다. "It's not customary to love what one has."로 "자기가 가진 것을 사랑하는 것은 흔히 있는 일이 아니다."라고 해석할 수 있는데 우리가 사랑에 빠지는 이유는 결핍을 채우고자 하는 것에서 시작된다는 문구에 나온다. 'customary'를 영한사전에서 찾아보면

'관례적인, 습관적인'이라는 의미라고 나오는데 뭔가 의미가 명확하지가 않은 느낌이다.

일단 '자기가 가진 것을 사랑하는 것은 관례적인 일이 아니다'라는 표면적인 의미로 이해했다면, 이제는 '관례적'이라는 단어를 찾아보는 것이다. '예로부터 굳어져 계속 전해 오는 것, 상투적인'이라는 식으로 어휘가 확장이 된다. 이렇게 영한사전을 이용하면 다소 막연하게 이해되는 영영사전보다는 더 명쾌하게 그림을 그릴 수 있고 우리말 어휘도 좋아짐을 느끼게 된다.

그런데 무엇보다 이것 하나는 조심해야 한다. 사전어플을 활용하려고 스마트폰을 들고 다니며 책을 읽는 것인데, 가끔 스마트폰에 시간을 뺏길 때가 있다. 독서 습관이 붙어도 스마트폰이라는 녀석은 책 읽기를 시작하려는 마음을 추월해버려 소중한 시간을 홀라당 빼앗아 버리는데 이 점을 늘 유념하며 책 읽기와 사전어플에만 집중해야 한다.

남들이 알까 부끄러워

다른 사람들이 표지를 보면 코웃음을 칠 법한 아동용 원서와 자기계발서로 책 읽기를 시작해서 그런지 늘 쉬운 책을 읽고 있다는 약간의 부끄러움이 있다. 그래서 혼자 조용히 방안으로 숨어들거나 모두 잠든 시간에 책을 읽기도 했고, 주변에서 "무슨 책을 읽느냐?"고 물으면 창피해서 그냥 얼버무리기도 했었다. 이렇게 소극적이며 수줍은 책 읽기를 해소해 준 일이 있었는데 친구가 해외여행을 다녀오며 선물로 준 북커버 덕분이었다. 원서 사이즈로 퀼트 바느질이 된 것인데 그 선물로 나의 책 포장은 시작되었다.

친구가 선물해 준 북커버는 원서 사이즈라서 작고 아담했다. 그래서 모국어책이나 부피가 큰 책에는 쓸 수가 없었는데 그렇다고 책 사이즈에 맞게 다양한 북커버를 다 구입할 수는 없어서, 내가 쓰는 방법은 쇼핑백을 잘라 쓰는 것이다. 일반 종이보다 질겨서 잘 찢어지지 않고, 비슷한 크기와 부피의 책을 읽을 때 재활용할 수 있어 좋다.

그때부터 더 적극적으로 책을 들고 다녔고, 휴대전화보다는 책을 더 자주 열고, 어느 자리에서든 읽고 메모하게 되었는데 주저하게 만들었던 것이 해소된 느낌이었다. 북커버를 해 놓으면 메모지도 끼워둘 수 있고, 삼색 볼펜도 끼울 수 있어서 책을 읽다가 급히 메모지와 볼펜을 찾으러 다니느라 흐름이 끊어지는 일이 없어 좋다.

이 북커버의 기능이 변신해서 좀 창피한 책을 가리는 용도였다면 이제는 어려운 책을 가리는 용도이기도 하다. 영어 원서를 읽는

[원서용 북커버]

[주변에서 선물로 준 북커버]

다는 것이 약간은 허세를 느낄 수 있어서 좋다고 했는데, 어느 정도 단계에 접어들면 궁금증의 대상, 부러움의 대상이었다가 '나는 우리책도 잘 못 읽는데 영어 원서를 읽는다니..'라며 상대가 거부감을 느끼는 경우도 있다.

그래서 책을 포장하면 읽고 있는 책을 드러낼 필요 없이 상대방의 관심 혹은 거부감도 한방에 해결할 수 있다. 또 하나 북커버의 좋은 기능은 야한 책을 가리는 데에도 좋다는 것이다. 회사에서의 틈새 시간, 카페에서 누군가를 기다릴 때의 자투리 시간에 책을 꺼내 읽을 때 야한 책을 읽는 것에 대해 타인의 시선이 불편하기도 한데 그것을 바로 해결해 주기도 한다.

영어에 대하여

영어는 다른 나라 언어가 아니다

태블릿 피씨, 블로그, 테이크 아웃 커피 전문점, 얼리 어답터, 멀티
플렉스 영화관, 키즈 카페, 포털 사이트, 워킹맘, 페이스북, 카카오
톡, 스마트폰 어플, 뉴스룸, 팩트체크......

  대화를 나누거나 신문을 읽거나 TV를 볼 때 주의 깊게 생각해 보
면 우리는 영어를 너무 많이 쓰는 환경에 노출되어 있다. 먹고, 자
고, 배우고, 소비하는 삶의 방식이 그만큼 달라졌다는 것인데 영어
에는 더 관대한 분위기인 것도 사실이다. '닭도리탕'은 일본식 표현
이라서 쓰면 안 된다고 하면서도 '치킨'은 우리말처럼 널리 쓰이는
현실이기도 하다.

  특히 요즘 명사의 경우는 우리말보다 영어 표현이 더 많은 것 같
다. 굳이 세계화라는 단어를 언급하지 않더라도 스마트폰을 쓰고
실시간 인터넷을 통해 세계 각지의 뉴스를 받고 구글에서 자료를

검색하며 나라 간의 경계를 크게 느끼지 못하고 있다.

시내를 10분 걸어 보면 알게 된다. 카페, 아이스크림 가게는 물론 그전에는 '어머니빵집', '중앙양과' 이랬던 빵집들이 프렌차이즈(이 표현도 영어식)로 바뀌면서 간판 자체를 영어로 표기하고 있다. 상업적인 간판뿐만 아니라 KTX, KORAIL, KT&G 등 공공의 영역도 이런 흐름이긴 마찬가지다. 과연 우리는 지금 다른 나라 언어인 영어를 배우고 있는 것인지, 우리나라 사람들의 말과 매체에서 나오는 정보를 이해하고 먹고 살기 위해 배우는 것인지 생각해 볼 필요가 있다.

전에 우리나라로 시집온 조선족 중년 여성분의 말씀이 생각난다. 한국에 와서 살자니 가장 힘든 것이 바로 영어를 모르는 것이라고 했는데 야금야금 들어온 영어 간판들이 그분 눈에는 얼마나 이국적이고 이질적으로 보였을까.

이제 우리는 비행기를 타고 영미권 나라에 가서 살려고 영어를 배우는 것이 아닌지도 모른다. 오히려 대한민국에서 정보를 제대로 이해하고 대한민국인으로 살아가려고 영어를 배우고 있는 중인지도 모른다. 그래서 이 나이가 되어도 영어에 대한 고민은 끝이 없나 보다.

나에게 영어라는 존재

대한민국에서 유학 없이 영어를 공부한다는 것은 다들 비슷한 상황이고 비슷한 공부를 하고 있는 것일지도 모른다. 영어를 잘 하고 싶어서 단어를 외우고 문법을 공부하고 토익책, 토플책도 풀어보고,

토익 시험도 쳐보는 것이다.

원어민 강의라고 학원에 나가 눈을 동그랗게 뜨고 아는 단어 지나가나 안 지나가나 리스닝 열심히 하고, 한번 말을 뱉을까 말까 하는 강의에 돈을 수십만 원 쓰는 것이다. 그것도 잘 나가면 다행인데 나 같은 경우는 땡땡이도 많이 쳤다.

'듣기는 받아쓰기가 효과가 좋다'는 말에 눈으로 봐도 모르는 단어들을 들어보려고 용쓰다가 내던져 버린 일도 있다. 사실 하루에 한 시간씩 꾸준히 공부한 적도 없으면서 10년 넘게 영어를 공부해도 기초라며 영어만 탓하기도 했다. 회사에서 영어 잘 하면 교육도 외국으로 보내줄 때 다른 직원들은 잘만 가는데 상대적 박탈감에 시달리다가 그것도 맥주 몇 병 마시고 뒷담화 후에는 빛의 속도로 잊어버리기도 했었다.

한동안 잊어버린 듯 하다가 토익 성적이라도 받아놔야겠다며 다시 파랭이 빨갱이 해커스 시리즈를 잡았는데 앞부분 몇 장 공부하다 바쁘다는 핑계로 지속하지 않았다. 영어는 뒤돌아버리고 또 잊을 만하면 문법에서 시작해야 하나 어휘력을 길러야 하나 인터넷에 영어 잘하는 노하우를 쇼핑하러 다니는 거다. 이런 일을 나 역시 숱하게 많이 해봤다.

정신 차리고 아이들도 쉽게 읽는다는 원서부터 잡았다. 처음에는 형광펜 칠해 가며 읽었고 유치찬란하고 무슨 소리인지 모르는 부분도 많아서 정말 집어 던지고 싶었던 적도 많았다. 마음을 잡고 '제발 한 권이라도 마지막까지 헷갈리지 말고 읽어 보자!'라며 다짐하고 또 다짐했었다. 그런 위기의 순간에 포기하지 않아서일까? 그렇게 버티다 보니 읽을 수가 있었다. 한 권 한 권 쌓여가니 나만의 노하우가 생겨나고 평생 함께 할 수 있는 취미를 제대로 가지게 되었구나 하는 기쁨도 밀려왔다.

눈으로 읽다가도 포기하지 않으려고 귀로 읽기도 하고 연기하듯 소리 내어 읽기도 했었다. 쉬운 책들을 읽다가, 내 자신을 과대평가하고는 어려운 것에 도전했다가 내 자신을 미워하기도 했다. 페이지는 안 넘어가고 사전 찾고 메모하느라 팔이 빠질 것 같은 날을 견디다보니 이제는 겁 없이 어느 분야의 원서든 도전해 읽고 있다. 그런 책을 읽다가 멋진 표현이라도 만날 때에는 정말 미치도록 행복하다.

기본이 되는 영어 원서를 읽다 보니 앞에서 소개했던 영어 정복을 위한 에피소드들이 해결되는 것이 느껴진다. 문법도 책 읽기처럼 진행했고, 원서를 읽고 들은 것인데 오히려 토익 시험은 시험 자체를 준비할 때 보다 성적이 더 잘 나오는 편이다. 회사에서 외국인과 얘기를 나눠야 할 때도 농담까지 하며 읽은 책을 간간히 섞어 하게 되었다. 전화영어를 할 때도 정해진 시간에 걸려 오는 전화가 두렵지 않고 오히려 영어로 수다를 실컷 떨 수 있어 좋기도 하다.

그리고 영화나 뉴스를 볼 때에도 거부감이나 두려움이 사라졌고 남들이 그냥 흘리는 순간에도 혼자 의미를 원어민처럼 이해해서 피식 웃음이 나거나 이야기에 더 빠져들기도 한다.

내 아이들에게도 영어는 달달달 외웠다가 사라져버리는 과목도 무서운 대상도 아닌 일상에서 책을 통해 익히고 영화나 여행을 통해 확인하며 삶에서 필요한 것임을 가르쳐주고 싶다. 그리고 할머니가 되어서도 돋보기 끼고 원서를 읽고 손자에게도 이야기를 들려주고 영화를 보며 나이가 들되 늙지 않도록 이 취미를 유지하고 싶다.

기다림이라는 여유

중요한 일은 기다림이 있어야 결실도 단단한 법이다. 물에 열을 가하면 100℃에 도달해 끓게 되는데 그 전에는 정지한 듯 보여도 포기하지 않고 계속 열을 가해줘야만 변화가 오고 결실이 맺어진다. 그 다음부터 물은 그냥 물이 아니라 날개 달린 듯 하늘로 날아갈 수 있는 존재가 된다.

영어를 10년 넘게 했는데 아직도 제자리라는 말을 많이 한다. 돌이켜보면 영어를 10년간 매일 10시간씩 한 것도 아니고 수학이나 과학처럼 수동적으로 규칙을 배우고 시험 공부를 한 것이 전부이면서, 지금도 수학 문제를 바로 척척 풀어내는 것도 아니면서 영어만은 계속 찰랑찰랑 실력이 넘쳐 흘러야 한다는 것은 욕심이다.

물을 끓이려고 렌지에 올렸다가 다 끓기도 전에 꺼버리고 식은 물을 또 켜봤다가 다시 끄고, 한참을 모른 척 근처에 가보지도 않았으면서 물이 계속 팔팔 끓지 않는다고 영어만 구박한 것은 아닌가? 영어를 매일 꾸준히 한 것도 아니면서 우리는 영어를 탓하고 선생님을 탓하며 이 나라에서 태어난 운명을 탓한다.

문법책만 보고 시험만 보니 지겨워지는 것이 당연하다. 이제 영어는 상식이 되는 시대가 되고 있다. 영어를 잘 안다고 해서 승승장구하며 잘 나가는 것도 아닌 세상이 되었고, 오히려 모르면 생활의 영역이 축소되고 만다. 그렇기 때문에 평생 나만의 방법이라는 것을 찾아야 하는지도 모른다. 우리말로 대화하고 글을 적어 보고 말을 하듯이, 영어도 이제 그래야 하는 세상이 오고 있는지도 모른다. 아니 이미 왔는지도 모르겠다.

영어는 물론 중국어에 일본어까지 해야 하는 시대에 살고 있다. 과거에는 국내를 무대로 살아왔지만 이미 국가 간의 정보의 경계는 허물어지고 있기 때문이다.

원서를 읽는 방식으로 바꾸면서 일상 속에서도 영어를 계속 할 수 있었다. 아이들 책도 좋고, 신문 한 꼭지도 좋다. 가슴 떨리는 연애 소설도 좋고, 자기계발서를 영어로 매일 몇 쪽씩 읽거나 영화를 매주 한 편씩 봐도 좋다.

그렇게 몰입하고 집중하는 시간이 하루하루 쌓이면 그 당시는 아무 변화가 없는 것처럼 답답하고 지루하게 느껴져도 시간이 흐르면 영어 실력이 높아지고 자신감도 생긴다. 또한 삶이 즐거워지고 주도적으로 살고 있다는 느낌을 받게 된다.

매일매일 하는 것, 당장 뭐가 보이지 않는다고 해도 렌지를 확 꺼버리지 않는 것이 중요하다. 날마다 꾸준히 하는 과정에서 자기만의 노하우를 만들게 되고 속도를 높이고 분량도 올리며 빠르게 많이 할 수 있기 때문이다.

나이가 들었다는 것이 도움이 된다

원서를 읽다 보면 문법적으로 잘 안다고 해도, 사전을 찾아서 단어의 뜻을 다 알게 되어도, 이해하기 어려운 책이 있다. 그것은 배경 지식이 부족하기 때문이다. 우리도 모국어책 중에서 고전이나 인문학을 읽으려고 하면 이해가 쉽지 않은 것처럼 영어 원서도 어느 정도의 단계에 가면 문법과 어학 실력보다는 다양한 배경지식이 중요해질 때가 있다.

이를 극복하기 위해서는 영어 원서에만 함몰되어 문법, 단어, 책에만 제한하지 말고 모국어책, 신문, 여행, 영화 혹은 일상에서 벌어지는 다양한 경험 속에서 많은 배경지식을 쌓아가야 한다.

광고에서 영어 천재라고 하는 아이들이 나와 원어민의 발음으로 유창하게 영어를 하는 것 같지만 이 아이들이 아우슈비츠 수용소를 다룬《The Reader》나 이혼을 겪으며 아픔을 이겨나가는《eat pray love》를 술술 읽을 수는 없다. 결국 언어 실력이라고 하는 것은 한 사람의 인생에서 차곡차곡 쌓여진 배경지식들이 머릿속에 저장되어 있다가 새로운 언어와 만나면서 실력이 되고 이해와 감동으로 변하게 되는 것이다.

여고 시절《쉰들러 리스트》라는 영화를 단체 관람한 기억으로 20년이 지난 후 아우슈비츠 수용소 이야기가 나오는《The Reader》를 완독할 수 있었던 것처럼 말이다.

외국어를 직접 접하는 환경에 살지 못하고 모국어 환경에서만 산다고 해도 모국어 환경에서의 모든 경험은 영어 원서를 읽는데 굉장히 중요하다. 경험들이 두뇌에 장면으로 저장되어 있다가 영어 단어나 장면을 빌어서 상상으로 튀어나오는 느낌을 받을 때가 있다. 학창 시절, 시험 준비, 입사, 직장생활, 연애, 이별, 결혼, 출산, 부부싸움, 가족의 죽음... 이 모든 일들이 원서를 이해하는데 다 도움이 되었다. 어학 실력이 좌우하는 단계는 초반이고, 시간이 흐를

수록 배경지식이 참 중요하다는 걸 깨닫게 된다.

많은 사람들이 나이가 들어서 외국어를 공부하는 것이 어렵고 불가능하다고 생각하지만 오히려 경험에서 차곡차곡 쌓인 이미지들의 도움을 받기 때문에 나이가 들어 외국어를 공부하는 것이 더 유리하게 느껴질 때가 있다.

외국어 능력이라는 것이 유창한 발음과 미끄러지는 듯한 빠른 말투라는 생각만 버린다면 말이다. 《Dating Game》이라는 책을 읽다가 나이가 들어서 원서를 읽는다는 것이 참 괜찮은 일이라고 생각했던 문장이 있는데 바로 이 문구다.

She kept hitting Paris's back with a hot cup, which created a suction, and then she ripped it off with a loud popping sound. It hurt like hell, and made Paris squirm, but she was embarrassed to ask her to stop it.

이 문장에서 Paris는 여주인공 이름이고 이혼의 아픔을 이겨내려고 정신과 치료도 받고 신체를 이완시키는 마사지를 받는 장면이다. 뜨거운 컵으로 Paris의 등을 치더니 빨아들이는 느낌이 나고 뽕뽕하는 소리를 내며 컵을 떼어내는 장면이 그려지는데 너무 아파서 몸을 움츠렸는데 차마 그만하라고 말하지 못했다는 부분이다. 이 문장에서 'cup'은 한의원에서 쓰는 '부항'으로, 부항을 등에 붙여 피를 빨아들이고는 떼어내는 장면이다. 어떤가? 이 장면을 읽으면서 그런 생각이 들었다.

'나이가 들어서 영어 공부를 하는 것이 그리 불리한 것만은 아니구나. 살아오면서 경험과 배경지식이 쌓여서 영어로 된 글을 읽을 때에도 연상하는 힘이 더 강할 수 있구나.'하는 것을.

영어 교육을 어릴 때부터 시켜야 한다며 엄마 뱃속에서부터 태교 영어, 유아 영어, 엄마표 영어의 이름으로 조기영어교육이 열풍이라지만 이 문장을 10대 아이들이 읽는다고 하면 몸에 컵을 댔다가 떼어내는 것을 어떻게 이해할까 궁금하다.

살아가면서 읽었던 책, 경험들이 살아 있는 지식이 되어 영어책을 이해하는 데 큰 도움을 주는 걸 자주 느꼈다. 나이가 들어 외국어를 공부하는 것이 부끄러운 것이 아니며 시기를 놓쳤다고 포기할 일도 아니다. 모국어 환경에서 무의식중에 경험한 것들이 영어 원서 읽기에 도움을 주기 때문이다.

영어 공부나 원서 읽기도 어릴 때 하는 것이라는 고정 관념이 있지만, 그것은 영어 원서에만 한정된 것은 아닌 것 같다. 나이 들어 책 읽는 것이 무슨 소용이 있느냐는 얘기들도 많이 들어왔기 때문이다. 책 읽기는 학창 시절 혹은 소녀감성일 때 하는 것이지 먹고사느라 바쁜 성인이 책 읽는 것은 뭔가 한가하고 어른스럽지 못하고, 아직도 성장하지 못한 것 같다는 시선을 받을 때가 종종 있다. 물론 책 읽는 사람도 스스로 그런 죄책감을 느끼는 것 같기도 하다. 그렇지 않다고 해도 나는 개인적으로 그런 기분이 자주 들었다. 그런데 책을 읽다 보면 내가 지금 성인이라서 혹은 마흔을 넘기는 시기라서, 결혼과 출산을 한 직장 다니는 여성이라서 이해와 공감이 잘 되는 책들이 있다.

만약 내가 20대라면 이런 감정을 찰지게 이해할 수 있을까 싶은 책들도 정말 많다. 그럴 때면 내가 지금 마흔을 넘기는 순간임에 안

도하게 된다. 마흔의 책 읽기와 원서 읽기와 책 쓰기는 정말 매력적이다.

성인이 되면 그렇게도 커 보였던 부모님이 작게 느껴진다. 책 읽기에도 그런 생각이 들 때가 있다. 읽다 말다 하는 것이 아니라, 꾸준히 읽다 보면 어느날 그렇게도 멋져 보이고 위대해 보였던 글과 작가가 좀 작게 느껴질 때가 있는 거다. 잘난 척이나 자만이 아니라 읽다 보면 여러 경험이 쌓이고 또 적다 보면 지금 읽는 책의 수준이 초반에 내가 가졌던 느낌과 다르다는 걸 알게 된다. 약간 평이해진 느낌을 받는 것인데 책 읽은 지가 몇 해가 되어도 초반에 읽었던 책이 지금도 새롭고 감동적이면 그게 비정상일수 있다. 우리가 아이들 동화책에서 크게 감동하는 일이 적은 것처럼 말이다. 그때는 작가를 비난하거나 비판할 때가 아니라, 나만의 문체로 글을 써볼 타임인 것 같다.

회화도 결국 책 읽기에서부터

모국어로 대화하는 것도 잘 생각해 보면 어디선가 읽고 들어봤던 것을 내 입으로 전달하거나 내 생각을 첨가해서 상대방에게 전달하는 일이다. 외국어도 마찬가지다. 어디선가 읽거나 들어본 게 있으면 말로든 글로든 뱉을 수가 있다.

'생각을 모국어로 하고 표현을 외국어로 하는 것'은 초보 단계에서는 괜찮다. 자주 나오는 패턴을 외워도 된다. '취미는 뭐냐?, 전공이 뭐냐?, 좋아하는 영화는 있냐?, 주말에는 뭐 할 거냐?'라는 식으로 대화하는 초급 단계에서는 생각을 모국어로 하고 배운 문장의 순서대로 문장을 만들어 나가게 된다. 사실 이런 단계에서는 수의 일치 및 시제를 정확하게 말하는 것도 힘들게 느껴진다. she has라고 해야 하는데 자꾸 she have라고 말하게 되고 have를 has로 바르게 말하는 데도 오랜 시간이 필요했던 경험이 있다.

그런데 이 단계를 넘어서면 문법에 맞게 영어가 술술 나와야 하는데 오히려 회화가 더 어려워지고 주제는 고갈되기 시작한다.

동성연애에 대한 의견, 낙태에 대한 찬반 등 제대로 된 자기 의견을 영어로 말해야 할 때 '생각은 모국어로 하고 표현을 외국어로 하는 것'에 한계가 온다. 그런 한계에 마주치면 회화 공부를 중단하고 다른 공부를 찾게 된다. 패턴 공부나 외운 표현을 가지고 영어를 말할 수 있게 되었지만 영어로 자기만의 생각을 차곡차곡 채워본 적이 없기 때문에 자꾸 허전한 느낌이 들고 다른 대안을 찾아 나서게 되는 거다.

길을 물어보고, 가격을 알기 위해서만 영어를 배우는 것이 아니다. 이런 정도는 종이에 써서 해도 되고, 보디랭기지로도 가능하고, 스마트폰 어플로도 가능하다. 중요한 것은 내 생각을 먼저 만드는 것이다. 모국어도 그렇다.

신문이나 인터넷을 통해서 어떤 분야에 대한 의견을 읽고 내 생각과 같으면 공감을, 다르면 비판을 하며 생각을 키운다. 누군가와 만났을 때도 그 주제에 대해 얘기하는 것처럼, 외국어도 그런 주제를 다룬 책이나 글을 읽어 두면서 내 생각도 자라서 찬성인지 반대인지에 대한 의견을 말할 수 있고, 보다 적절한 어휘를 쓰며 전달할 수 있게 된다.

책 읽기가 말하기와 무슨 관계가 있을까를 수학공식처럼 설명할 수는 없지만 많이 읽고 생각하면 할 말이 많아진다. 그러면 대화가 길어지고 재미있어진다. 그래서 회화라고 할지라도 어느 수준까지 가려면 그 길에도 원서 읽기를 해야 한다고 믿는다.

영어 원서를 읽는데 토익 성적이 오를까?

원서 읽는 블로거인데 많은 분들이 궁금해 하는 것이 있다. 그건 바로 영어 원서를 읽어도 토익 성적이 잘 나오는가 하는 것이다. 사실 나 자신도 궁금하다. 아이들이 빗자루를 타고 공중을 날아다니며 마법을 배우고, kiss, lips가 많이 나오는 로맨스 소설을 읽다가도 가끔씩은 내가 하는 방법이 맞는지, 영어 원서 읽기로 영어를 지속적으로 하는 방식이 토익 시험에도 통하는지 궁금해서 시험을 보기도 한다.

시험 대비용 토익 수험서를 보며 열심히 공부하는 학생들에게 미안한 일인지 모르지만 토익 수험서는 커녕 야한 로맨스 소설을 읽다가 시험장에 도착하고 도착해서도 시험 직전까지 스토리가 궁금해서 그 원서책을 덮지 못하고 읽다가 시험을 봐도 800점대는 나온다. 840점, 890점짜리 성적표가 있다. 아마 900점대로 오르지 못하는 이유는 수험서를 열심히 보지 않아서인 것 같다. 여기저기 파놓은 함정에 쏙쏙 빠지기 때문인데 이런 경우 족집게 선생님의 강의가 도움이 되겠지만 시험을 준비하기 위해 영어 공부를 하는 나이가 아니므로 800점대에 만족한다.

오히려 토익 성적표 900점대 한 장만 있는 것보다는, 영어 원서를 200권 가까이 읽고 마음을 움직이는 글을 적어둔 메모들이 나만의 소개서가 되기도 한다. 직장에서도 토익 성적보다는 원서책 읽는 직원으로 알려져 있기도 하다.

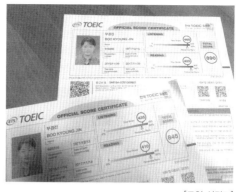

[토익 성적표]

우리나라는 왜 그런지 모르겠는데 기-승-전-시험이다. 우리나라에서의 영어는 모두 시험으로 통한다. 초등·중·고등학생의 경우 영어 공부는 학교에서 치는 시험공부이자 수능공부이다. 대학생이나 취업 준비생과 직장인에게 영어 공부는 토익 공부고, 유학을 준비하는 학생들에게는 토플 공부다. 그래서 집에서 마법과 로맨스에 빠진 아줌마도 토익 시험을 보러 가는 것인지도 모른다.

평상시 원서를 읽으면서 문장을 제대로 파악하고 이해하며 읽는 습관, 300페이지가 넘는 원서를 읽으며 인내심 있게 영어에 노출되는 습관, 오랜 시간동안 오디오북을 통해 소리와 발음에 익숙해져 영어를 오래 들어도 피곤하지 않은 습관이 쌓이면 토익도 고득점을 유지할 수 있다. 평상시 원서를 통해서 실력을 닦고 시험을 보는 달에는 실전문제를 풀어서 감을 익히고 가면 되는 것이다. 토익만을 위해서 공부하는 사람보다 많은 지식이 쌓이고 이해력이 높아져 토익 성적을 갱신해야 할 때도 스트레스를 적게 받는다. 오히려 자신감이 2년 내내 유지된다.

그냥 시험만을 위한 영어는 나를 괴롭히고 현실에서도 회화나 문장 이해 능력을 높여주지 못한다. 원서를 통해 문장을 이해하고 신문이나 잡지로 그 영역을 시사적인 것으로 확장하며 오디오북의 도움을 받는 것이 훨씬 더 빨리 시험 영어를 정복하는 길이다.

아이들이 모험을 떠나고, 동물들이 등장하고, 첫사랑에 눈을 뜬 아이들의 이야기, 중년 여성의 이혼 이야기나 세계적인 기업 CEO의 성공담을 제대로 이해하며 읽고 듣는 것이 평생 영어를 즐기면서도 시험 스트레스에서 벗어나는 방법이라고 생각한다.

우리는 이제까지 영어를 시험 공부의 대상으로 보았기 때문에 '나 수능에서 외국어 영역이 1등급이야. 나는 토익이 900점이 넘어.'라는 말은 하지만, '내가 읽은 원서 중에서 감동 깊은 10권은 말이지, 내가 지금도 대사까지 기억하는 영화는 말이야, 이런 날씨에 어울리는 팝은 말이지.'라며 대화를 나누는 경우는 아쉽게도 거의 없다.

사실 시험을 한 번 치르는 수수료라면 원서 3권, DVD도 3개는 마련할 수 있을텐데 말이다. 꼭 영어가 아니더라도 중국어든 일본어든 스페인어든 이렇게 말할 수 있었으면 좋겠다. 시험 성적 얘기로 시작하기보다는 '나 중국의 노벨문학상 작가 모옌의 《개구리》를 원서로 읽었는데, 나 첨밀밀 대사를 다 외울 정도로 좋아하는데.'라고 말이다.

다채로워지는 삶

영어를 하다 보면 제주라는 한정된 곳에 살아도 인생이 다채로워진다는 느낌을 받을 때가 있다. 갑자기 다녀오라는 해외출장도 겁나지 않고 현지에서도 질적으로 더 재미있게 지낼 수 있다. 현지에서 만나는 사람들과도 대화가 되며 문화를 즐기게 되는 것이다. 단순히 물건 가격을 묻고, 방향을 묻는 것 이상의 영어 실력이 되면 더 많은 걸 즐기게 되고 풍요롭다는 생각이 들 때가 있다.

싱가포르 출장 에피소드를 소개하자면 박람회 중간에 우리 일행은 Marina Bay Sands 푸드코트에서 점심을 해결해야 했다. 빈자리가 없어 외국인에게 한쪽으로 비켜달라고 부탁했더니 흔쾌하게 양보해 주어 동석하게 되었다. 우리가 어디에서 왔느냐를 시작으로, "한국에 가 본적이 있는데 소주가 정말 좋았다. Pure Alcohol이라고 생각하는데 칵테일처럼 마시면 좋은 술이다. 한국 밖에 사는 외국인들은 North Korea 때문에 South Korean도 걱정인데 오히려 너희들은 I don't care 인 것 같다."는 얘기를 나누면서 밥을 먹었다. 알고 보니 그 사람은 호주의 유명한 테마파크 CEO였다. 구글에서 검색해 보는데 정말 깜짝 놀랐던 기억이 있다.

스마트폰 어플이면 해외여행이 두렵지 않고, 통역기의 도움을 받으면 영어 공부할 필요가 없다고도 한다. 하지만 영어는 단순히 학문이 아니라 사람과 사람과의 소통의 도구다. 단어카드 편에서도 말씀드렸지만 하나의 단어에 하나의 뜻만 있는 것도 아니다.

그래서 번역기 혹은 통역기에만 의존하는 것이 완벽할 리 없다. 길을 묻거나 간단한 회화는 어플이나 통역기의 도움으로 하겠지만, 눈을 보고 미소를 짓고 말하는 순간 함께 폭소를 터뜨리는 그런 공감은 기계가 중간에 끼어들어 할 수 있는 것이 아니다.

기계의 도움 그 이상의 대화와 소통이 인생에 주는 다채로움이 있다. 어느 정도의 영어 실력을 갖추면 나를 제대로 표현하고 상대를 제대로 이해할 수 있게 된다. 그래서 다른 동료와 같이 간 출장이라고 해도, 더 많은 걸 느끼고 더 많은 걸 배우게 된다. 그게 결국 인생의 재미가 아닌가?

원서 읽기를 시작하고 5년째에 접어들었는데, 책을 읽으면서 마음이 강해진 것도 있지만 영어라는 분야의 어학 실력이 크게 성장한 것을 느낀다. 외국인이 길게 말하면 눈만 깜빡거리던 벙어리영어였는데 영어 원서를 계속적으로 읽으면서 말로 설명하지 못할 어떤 변화가 내 안에서 일어났음을 느낀다. 영화나 뉴스가 잘 들린다거나 하는 그런 소소한 변화는 당연한 것이고 길게 말하는 실력이 늘었음을 경험하는 것이다.

전에 두 시간 내내 영어로 이야기를 했던 일이 있었다. 제주대학교 외국어 교육원에서 하는 회화 강의에 초대받아 간 일이 있었는데 그 수업은 원어민 회화 강의로 영어영문학과 학생, 통역대학원생, 전직 승무원 등 영어의 수준이 나보다 월등한 분들이 실력을 유지하기 위해서 한다는 고급 회화반이었다.

몇 년에 걸쳐 영어 원서를 읽고 블로그에 글을 계속 올려왔는데 그 이야기가 궁금하다고 수강생들과 노하우를 나눠달라는 요청이었다. 회화 수업이므로 모두 영어로 말해야 했는데 초대받은 나도 역시 영어로 말을 해야 했다.

길거리에서 외국인에게 길을 가르쳐주거나, 공항이나 호텔에서 필요한 말을 짧게 하는 대화가 아니라, 한두 시간을 영어로 말을 하는 것이었다. 이런 일은 처음이었기에 긴장을 했었는데 막상 시작하니 원래 1시간이었던 강의를 2시간으로 연장해야 할 만큼 영어로 말하고 듣는 것이 편했고, 수강생들의 관심도 높았다.

어떻게 읽기 시작했는지, 어떻게 원서를 구입하는지, 가장 좋아하는 책은 무엇인지, 최근에는 어떤 책을 읽었는지, 책을 읽을 때 모르는 단어는 어떻게 하는지에 대한 질문들이 쏟아졌고, 그에 대한 답을 모두 영어로 했다. 그 자리에서 스스로도 놀랐었다.

책을 읽고 들어 왔는데 이렇게 긴 시간 동안 영어로 말을 할 수 있는 것에 대해 놀랐는데 그 말을 그 자리에서 하기도 했다. 이런 경험을 통해 말을 할 기회가 없이 혼자 읽고 들어도 스피킹 역시 상황이 되면 할 수 있는 것에 놀랐고, 역시 영어 원서 읽기가 답이구나 하는 확신을 얻게 되었다.

영어 원서를 읽으면서 어휘가 다양해졌고, 오디오북을 들으면서 듣기와 발음이 좋아졌고, 긴 문장 혹은 단락으로 의미를 기억했다가 이해하는 힘이 커졌다. 원서를 읽으면서 쌓인 정보와 지혜가 영어로 말하는 순간 쏟아져 나오는 기분이었다. 무엇보다도 원어민 강사가 읽은 책이 내가 읽은 책과 겹치는 것이 많았는데, 서로 같은 책 같은 작가에 대한 얘기를 나눌 수 있다는 것에 놀랐다.

그 당시 《Sapiens》와 《채식주의자》의 영어번역서인 《The Vegetarian》을 완독할 때였는데, 채식주의, 동물 학대, 아름다운 가게 물품 기부 및 구입 방법, 명품 브랜드의 가죽 핸드백 제작의 문제점 등 자연스럽게 주제를 옮겨가며 대화를 나눴다. 영어 원서는 영어를 잘하는 도구이기도 했지만 공통의 화제를 말할 수 있는, 말 그대로, 배경지식이 되는 책이기도 했다.

최근 축제 관련 업무 중에 외국인 참여 프로그램과 관련된 회의나 이메일도 전부 영어로 무리없이 진행하고 있다. 신기한 일이다. 왜 영어 원서를 읽어야 하는지에 대한 질문과, 영어 원서를 읽으면 영화도 잘 볼 수 있는지, 말하기는 잘 할 수 있는지, 시험은 잘 볼 수 있는지 궁금해서 메일을 보낸 분들이 많았다. 5년간의 경험을 되돌아보니 영어 원서에 답이 있었다고 말할 수 있다. 원서 읽기는 영어에 대한 갈증뿐만 아니라 다른 방법의 영어도 이해할 수 있게 해 주었고, 더 나아가 책을 읽으면서 자란 생각과 지혜 덕분에 더욱 마음이 풍요로운 삶을 살 수 있게 해 주었다.

책 읽는 일상

책을 읽다 보니 독서의 방식은 삶의 방식과 참 많이 닮았다는 생각이 든다. 학생으로, 직장인으로, 주부로, CEO로, 정치인으로 각자의 자기 삶을 주어진 시간 안에 살아가듯, 책 읽는 것도 다양한 삶의 방식만큼이나 다양하다. 그런데도 불구하고 일주일에 몇 권, 한 달에 몇 권을 읽어라 하는 말들은 자신의 삶의 방식을 고려하며 조심스럽게 접근해야 한다. 나의 경우 주말은 가족 중심으로 책이 생활을 점령하지 않도록 하며, 일상 속에 책을 끼워 넣는 방식을 고집한다. 빨리 많이 읽는 방법이 틀렸다는 것이 아니라 그 방식이 삶을 유지하는 데에 어울리고 적합하다면 그 방법이 맞는 사람이 있는 것이다.

새로운 책의 시작으로 새로운 경험을 하고, 재독을 통해서 내가 경험했던 세계를 다시 확인하며 책장을 넘긴다. 느리게 장면을 상상하고 이해하고 공감하며 읽는 것이며, 가족의 행복한 삶을 위협하지 않으며 평생 읽고 싶기에 나는 천천히 가려 한다.

책을 읽다 보면 앉은 자리에서 혹은 하루면 뚝딱 읽을 수 있는 깊이와 내용으로 쉬운 책들이 있다. 그래도 천천히 읽으려고 노력한다. 책을 읽는다는 입력 행위도 중요하지만 생각하고 사색하고 고민하는 것도 책 읽는 것만큼이나 중요하기 때문에 책 읽기의 과정에 쉼표를 많이 주는 것이 나와 맞는다. 사실 우리에게 필요한 책은 쉬운 책이 아니라 고생되더라도 깨달음을 주는 책이니까.

학생 때의 책 읽기와 직장인의 책 읽기, 주부의 책 읽기 방식은 달라진다. 성인이 되어 할 일이 많아질수록 책만 읽고 있을 수만은 없다. 읽고 쓰는 것이 직업인 사람들의 얘기에 현혹되어 자신을 미워해서도 안 된다. 자신에게는 자신만의 독서 리듬이 있고, 독서 주기를 만들어내어 평생 함께 하는 것이 중요하다. 내 삶에는 책만 있는 것이 아니고 회사도 있고, 주방도 있고, 아이들의 준비물과 남편의 와이셔츠도 있기 때문이다.

많이 빨리 읽지도 못하면서 이 책을 쓰는 이유도 바로 그것 때문이다. 책과 관련된 직업에 종사하는 것이 아니라도, 책이 생활인 생활 독서인도 책을 쓸 수 있다. 독서 또는 원서 읽기는 책이나 영어 관련 직업을 가진 사람만이 할 수 있는 것이 아니라 어떤 직업을 갖든 일상에 녹여내어 평생 하는 것이라는 말씀을 드리고 싶었다.

책을 읽다 보면 활자는 분명 눈으로 읽고 있는데 머릿속으로는 다른 생각에 빠져있을 때가 있다. 이 순간은 자기도 모르게 지나가는데 이런 순간들을 꽤나 많이 경험하게 된다. 바르게 천천히 읽는다는 것은 글자 그 자체를 피상적으로 읽고 휙휙 지나가거나 입력이나 흡수만 하는 일방적 독서가 아니다. 내 생각의 스위치를 켜 두고 작가의 글과 내 이해력이 팽팽하게 호흡하며 읽어 나가는 것이다.

눈으로 읽어 이해가 잘 안 되는 문장은 입으로 중얼거려 보기도 하는데 이렇게 한 줄 한 줄에 애정을 갖는다. 표면적인 의미는 물론 뉘앙스도 잘 이해하며 뜻을 이해하려고 한다. 큰 소리로 낭독하는 것은 입과 목이 피곤한 일이지만, 중얼거리는 정도로 영어 원서를 읽는데 아주 중요하다. 영어는 발음과 강세가 중요한 언어이다. 입술, 치아, 혀, 볼과 턱 근육을 써서 발음을 해 보는 것이 그 단어와 그 문장을 이해하는데 도움이 되고 나아가 스피킹에도 큰 도움이 되기 때문이다.

인터넷과 스마트폰 SNS에서 자극적이고 짧은 글들을 접하며 우리는 적당히 읽는 법에 자연스럽게 익숙해지고 있다. 눈길을 끄는 쪽 정보, 내가 읽고 싶은 기사나 글만 흥미롭게 또는 짧게 읽고서는 그것을 정보라고 생각해서 전달하고 퍼 나르게 된다. 그런데 이런 식의 읽기 혹은 입력은 곧 한계를 드러낸다. 아는 척 할 수는 있지만 정말 아는 것이 아닌 시작과 끝도 모르고 그저 조각 하나만 알고 있다는 허전함과 허무함만 쌓일 뿐이다.

세부적인 내용보다는 흐름을 파악하며 속독하는 분들도 있지만 나와는 맞지 않았다. 한편으로 생각해 보면 학창 시절에 책을 읽지 않고 10여 년을 학습서와 문제집 위주로 책을 보던 습관 때문인지도 모르겠다. 공부하듯 읽어야 마음이 편하니 말이다. 아무리 느리고 답답한 습관이라 할지라도 빙판에 스케이트를 타듯 휙휙 가는 것 보다는 발로 꾹꾹 눌러가며 등산하는 것이 더 재미있다고 비유하면 어떤가? 잘못된 것이 아니라 다른 것이라고 말이다. 문법도 확인하고, 단어도 더 열심히 공부하니 느려 보여도 제대로 가는 느낌이 들 때가 많다.

빠르게 가려고 지름길을 찾다가 여기저기 두리번거리며 허송세월한 것이 너무나도 아깝기만 하다. 그래서 이 책을 쓰는 것인데 내 방법이 오히려 혼란을 하나 더 추가할까 두렵기도 하다. 어떤 사람들은 내가 사전을 찾아가면서 글을 읽어야 한다고 하면, 시험에서 모르는 단어가 나오면 사전 찾고 읽을 것이냐, 외국인과 대화하는데 모르는 단어가 나왔다고 해서 정지해서 사전을 찾을 것이냐는 논리를 펴기도 한다.

그러면서 몰라도 읽고, 몰라도 들으라고 하는데 왜 우리는 일상의 취미도 시험을 치르듯 경쟁하듯 하는 것인지 모르겠다. 실생활의 취미에서는 하나를 익혀도 제대로 익히고 진짜 시험을 볼 때만 모르는 단어를 패스하며 풀어가야 하는데 일 년에 12시간도 안 되는 시험 시간 때문에 12개월을 시험 보듯, 모르는 단어는 패스하라 하는 것인지 안타깝기만 하다. 모르는 단어는 사전을 찾으며 말해도 된다. 우리는 공식 회의장에 있는 통역사가 아니기 때문이다. 모르면 물어 가는 것이 외국어를 배우는 일반인의 바른 모습이라고 생각한다. 어느 정도의 수준이 될 때까지는 원서도 사전을 찾아 읽고, 영화도 자막을 보고 모르는 단어를 찾아 익히면서 보는 것이 맞다.

그리고 나서 그 원서를 다시 읽거나 그 영화를 다시 보는 순간은 원어민처럼 이해할 수 있게 된다. 그런 작품들이 차곡차곡 쌓여가기 시작하면 내 실력이 되어서 새로운 책이나 영화에서 찾아야 할 단어나 표현들이 줄어들고 점차 영어 글자와 소리에 익숙해진다.

살다 보면 계약서, 매뉴얼, 법령 등 바르게 읽고 실전에 응용해야 하는 것들이 많다. 정보를 정확하게 이해하고 자신의 직업에서도 적재적소에 쓰는 것이 중요하다. 그래서 아무리 취미라 할지라도 지금 현재 읽고 있는 한 문장에 집중하고 행간을 읽어내는 것이 중요하다. 이런 것은 일상에서 습관을 들이면 좋다. 디테일을 챙기는 습관을 통해 작은 것, 그 소소한 것이 전체적인 것을 결정하는 경험을 하기도 한다.

책을 읽다 보면 책 한 권을 완독했다는 기쁨보다는 새롭게 알게 된 단어나 감동 문구 하나 때문에 그 책이 미치도록 좋아지는 경우도 있다. 그런데 그렇게 천천히 읽으면 어떻게 많은 정보를 채울 것인가 궁금할 수도 있겠는데 경험에 비추어보면 늦더라도 제대로 읽는 습관이 오랜 시간 쌓이면 새로운 책에 대한 두려움이 줄어들고 문장을 이해하는 속도가 오히려 빨라짐을 느꼈다.

이 얄팍한 책 한 권 쓰려니 그래도 천천히 읽으려하는 태도가 다행스럽게 느껴진다. 농부가 힘들여 수개월 동안 생산한 농작물을 그냥 아무 맛도 없이 배만 부르면 된다며 허겁지겁 먹는 태도가 우리 몸에 좋을 리 없다. 농부의 마음으로 수개월 혹은 수년에 걸쳐 쓴 작가의 작품을, 어느 문장 하나는 하루 이틀이 넘도록 쓰고 고쳤을 텐데 하루 이틀 만에 한 권을 읽어 자랑스러워했다는 것이 미안해지는 것이다. 최대한 작가의 시간과 호흡하려는 책 읽기는 바르게 제대로가 맞다. 늦더라도 말이다.

책 읽기, 원서 읽기 꼭 해야 할까?

책을 읽다가 좋은 글귀를 보거나 책을 읽고 나서 책에 대한 후기를 SNS나 블로그에 올리는 일이 오래되다 보니 이제 나를 아는 사람들의 인사는 '책을 좋아하는 경진씨'거나 '요즘은 어떤 책을 읽나요?'다. 그리고 이어지는 질문은 바로 '요즘 한가한가 봐요. 책 읽을 시간이 다 있고….'다.

나에게 있어 책을 읽는 것은 단순히 취미의 수준이 아닌 것 같다. 오히려 생존에 가깝게 느껴진다. 기본적으로 음식을 먹어야 활동할 수 있듯이 하루 마음먹은 분량의 책을 읽어야 정신이 단단해지고 든든해지는 것을 느낀다. 시간이 많아서 책을 읽는 것도 아니고 바쁘지 않기에 책을 읽는 것도 아니다. 오히려 바쁘고 정신없지만 그 혼란스러움 속에서도 내 자신을 잃지 않으려고 읽는 것이다.

밥을 몇 시간 동안 먹지 않으면 쓰러질 수도 있듯이 정신이 졸도하는 일이 없도록 최소한의 정신적 영양분을 주는 것뿐이다. 바쁜 가운데도 물론 식사를 거르며 일을 하기도 하지만, 그래도 밥을 챙겨먹고 씻고 자는 시간을 챙기듯 독서시간을 의식주처럼 챙기는 것이다. '의식주'에 '독'을 덧붙여 나의 하루 일상은 '의식주독'에 가깝다.

누군가는 책 읽는 것이 잠시 현실을 잊는 수단이라고 하지만 나의 경우는 좀 다르다. 순수 문학 작품이라 할지라도 삶에서 도피하는 수단이라기보다는 결국 내안의 또 다른 '그런 나', 즉 나도 몰랐던 저기 어딘가의 나와 만나는 일이다.

　예를 들어, 《Anna Karenina》를 읽으면서 바람 난 유부녀의 흔들리는 마음과, 주변인들의 아픈 심리를 보며 마음에 휴식을 얻었다기보다는 나도 몰랐던 나의 마음을 읽고 가족들의 입장을 이해할수 있었다. 이렇게 내가 처한 현실을 잊는 책 읽기가 아니라 오히려더 솔직했던 내 자신을 다시 만나는 일로, 시공간을 넘어 다른 시대다른 도시에 사는 나와 신분과 성별이 다른 인물에서도 나를 만날수 있었다. 결국 책 읽기는 나라는 사람을 완성하는 과정이므로 이것은 직장인으로서의 나, 엄마로서의 나, 아내로서의 나, 모든 것에영향을 미친다.

　그래서 책을 읽는 순간은 지금 현실을 잊고자 후다닥 읽어버리는것이 아니라, 나를 알고 나도 몰랐던 나를 알아가고 내가 몰랐던 것을 배우고, 내가 알았던 것마저 다시 배우는 시간이다. 현실에서 나와 책을 분리시켜 어디론가 가서 숨어 읽는 것이 아니라, 포스트잇으로 구분해놓고 나의 일상 속에 녹여 책의 호흡과 내 일상의 호흡이 서로 협업하며 나아가는 것이다. 그러면 책으로 인해 일상이 풍요로워지고, 일상의 경험들이 책을 더 깊이 이해할 수 있게 도와준다.

　지금 당장 책을 읽지 않거나, 영어 공부를 하지 않아도 사실 아무일도 벌어지지 않는다. 그런데 신기하게도 지금 읽고, 지금 영어 공부를 하면 시간이 흘러 어느 날 정말 재미있는 일이 벌어진다. 정말이다. 하루 몇 분 혹은 몇 시간의 노력이 지금 보기에는 아무것도아닌 것 같고 하루 이틀 빠뜨려도 별일 없는 듯 하지만 좀 더 긴 안

목과 긴 호흡으로 지속할 필요가 있다.

영어 원서를 읽는다는 것은 다른 나라 사람의 생각과 인물을 읽는 것이다. 그러니 등장인물 혹은 저자의 생각을 이해하려고 노력하는 과정에서 나와 다른 사람들에 대한 이해력이 높아진다. 또한 자연스럽게 그런 노력은 수렴하여 우리나라 내가 사는 현실로 들어오게 되는데 같은 공간에서도 세대와 연령을 넘나들며 이해하려는 마음을 갖게 되기도 한다.

원서를 읽는다는 것은 낯선 것이고 어려운 것이다. 뭔가 획기적이고 쉬운 방법이 있을까 하고 이 책을 구입한 분들이라면 실망하실 수도 있다. 사전도 찾고 메모도 하고 찾은 단어를 또 찾고, 단어를 다 찾았는데도 그 뉘앙스를 모르겠고, 어려운 것 투성이다.

요즘 말로 하면 극한 작업인지도 모른다. 하지만 성장과 향상은 내 역량보다 조금 더 어려운 것에 도전하고 머리에 쥐 날 듯이 고민하고 고생하다 보면 짜릿한 재미를 느낄 때 오는 것 같다. 영어 실력과 세상을 사는 지혜가 지금 이 상태라 해도 좋다면 모를까 더 나은 영어 실력과 달라진 세상을 보는 시선을 갖고 싶다면 버겁고 힘들더라도 의도적으로 어려워 보이는 일에 도전해야 한다. 안 쓰던 근육을 쓰면 불편하고 뻐근하듯 정신의 근육도 이런 단계를 지나면 단단해진다. 우리가 이제껏 살아오며 알게 되었듯 쉽게 읽힌 외국어, 편하게 읽은 독서가 그리 도움이 되지 않았던 것처럼 말이다.

2부

책이
좋아지는
원서 속
밑줄
이야기

1. 같은 책을 함께 읽어도

《On love - Alain de Botton》

We had often read the same books at night in the same bed,
and later realized that they had touched us in different places:
that they had been different books for each of us.

우리는 종종 밤이면 같은 책을 같은 침대에서 읽곤 했다.
나중에 깨달았는데 우린 다른 곳에서 감동받고 있었다.
그 책들은 우리 각각에게는 다른 책들이었던 셈이다.

한 달에 한 번 원서 읽는 모임을 한다. 모임이라고 해봐야 나를 포
함해서 3명이 전부이긴 하지만 이 시간을 정말 좋아한다. 한 달간
같이 읽을 원서를 정하고 나머지는 자유롭게 읽는다. 그래서 한 달
이 끝나는 마지막 주 토요일 아침이면 카페나 스터디 공간에 모여

그동안 차곡차곡 쌓아두었던 수다 본능을 펼친다. 알랭 드 보통의 글처럼 분명 같은 책인데 우리는 각자 다른 부분에서 감동받는다는 것을 알게 된다.

또한 같은 부분을 밑줄 그었고 해석도 비슷한데도, 사신만의 이해 방식은 각각 다르다는 것도 배우게 된다. 같은 책을 읽었음에도 결국 다른 책처럼 느껴지는데, 그것이 오프라인 모임의 장점이기도 하다. 내가 놓친 부분을 다시 알게 되고, 내가 이해한 부분과 정반대로 이해한 멤버의 얘기를 듣다 보면 그 책이 다시 보이기도 한다.

혼자 읽어도 될 사람들이 일부러도 이렇게 모임을 만들어 함께 읽는 이유는 우리가 비슷하면서도 다르다는 걸 다시금 느끼기 위함인지도 모른다. 같은 문구에서 같이 밑줄 쳤다는 걸 알면 우리는 몸에 전율이 흐르듯 짜릿함을 느낀다. 다른 사람이 내가 생각지도 못한 문구에서 감동을 받았다고 소개하면 다시 귀가 쫑긋해진다. 심할 때는 이 책에 그런 부분이 있었던가 하기도 하는데 이런 것이 매력이다.

같은 시간에 같은 침대에서 같은 책을 읽었는데 다른 곳에서 감동받았기에 결국 그 책은 다른 책이라는 시선이 좋다. 같은 삶을 동시대에 살아도 다들 감동하는 수준과 범위가 다른 우리의 삶과 비교하면 어떨까? 우린 같은 것은 입력하며 살지만 이해와 출력은 제각각 다르기 마련이다. 같은 공간에 사는 연인도 그렇고 가족들도 그렇고 생각해 보면 쌍둥이들도 다르게들 살아가니까. 같음과 다름을 배우는 독서 모임은 그래서 내게 소중하다. 혼자만의 독서 단계를 넘어서면 모임에 참여하거나 모임을 결성해 보는 것도 좋다.

어느 정도 독해력과 이해력이 생기면 자신만의 관점으로만 고집이 만들어지는데 이때 독서모임을 통해 같은 책이라도 다른 시선으로 접근하는 방식을 자꾸 경험하면 그것이 또 책을 더 부지런히 읽게 하는 동력이 되어주기도 하고, 균형 잡힌 시선으로 책과 세상을 보게 도와준다.

2. 이런 생각 해 본적 있나요?
결국 영어 원서는 26개 알파벳뿐이라는 걸

《There's a Boy in the Girls' Bathroom
- Louis Sachar》

"Isn't it amazing?"

"What's that?"

"The library. All those books. And they're all different, aren't they?"

Carla nodded as she drank Bradley's juice through a straw.

"I kept thinking about that the whole time I was there." he said.

"They're all different, but they all use practically the same words.
They just put them in a different order."

"Did you-?"

"Just twenty-six letters." he told her.

"All they do is move those letters around
and then they say so many different things."

"대단하지 않아요?"

"뭐가?"

"도서관. 모든 책들. 그리고 책들은 모두 달라요, 그렇지 않나요?"

Carla 선생님은 Bradley의 주스를 빨대로 마시면서 고개를 끄덕였다.

"저는 도서관에 갈 때마다 계속 그렇게 생각했어요."라고 말했다.

"책들은 모두 달라요, 하지만 사실 모두들 같은 단어를 사용해요.
단지 다른 순서로 배치할 뿐이죠."

"그랬-?"

"단지 26개의 알파벳뿐이에요."

"책이 하는 일 전부는 그 알파벳들을 이리저리 움직이는 것인데
그러고 나면 그렇게도 많고 다른 것들을 말하지요."

말썽꾸러기로 나오는 Bradley가 상담 선생님에게 하는 이 말이
너무도 기발해 오랫동안 이 장면에서 머물러야만 했다. 책을 읽을
때는 생각지도 못한 어떤 깨달음을 느끼는데 그런 것이 새로운 정
보거나 특종일 때도 있지만 생활 속에서 당연하다고 생각해서 알아
채지 못한 것들도 있다. 바로 이런 것이다.

이런 부분을 읽으면 책이 그냥 책으로 보이지 않고 갑자기 대단
해 보인다. 책이라는 것은 다 다르지만, 책을 잘 들여다보면 결국
영어 원서는 알파벳 26개일 뿐이라는 말이다. 그 알파벳들이 이리
저리 움직이더니 단어가 만들어지고, 작가의 머리와 마음을 통과하
더니 문장이 만들어지고, 글이 만들어진다는 말이다. 어쩜 이런 생
각을 해 본적이 없는데 정말 대단하다.

우리책도 차근히 들여다보면 한글 자모 24개를 가지고 이리저리 배열한 결과 책이 각자 다른 모습으로 만들어지는 것이었다. 이 말썽쟁이 Bradley 때문에 이것을 깨닫게 될 줄은 정말 몰랐다. 이런 비슷한 문장을 무라카미 하루키의 《직업으로서의 소설가》 속에서 읽은 적이 있다. "모두 똑같이 여든여덟 개의 건반으로 피아노를 연주하는데 사람에 따라 이토록 화음의 여운이 달라지다니, 깜짝 놀랄 정도입니다. 그리고 그런 사실은 우리에게 한 가지 중요한 시사점을 던져줍니다. 한정된 소재로 스토리를 만들어낼 수밖에 없더라도 거기에는 무한한 – 혹은 무한에 가까운 – 가능성이 존재한다는 것입니다. '건반이 여든여덟 개밖에 없어서 피아노로는 더 이상 새로운 건 나올 수 없다'는 말은 할 수 없겠지요."라는 글도 비슷하지 않은가? 피아노 건반도 결국은 88개인데 음악가의 몸과 마음을 통과하면서 지금도 새로운 곡이 탄생하고 있다. 26개의 알파벳으로 된 낱자에서 지금도 새로운 영어 원서 책이 탄생하듯이 말이다.

Bradley looked up.
He tried to make sense out of that last paragraph.
It made him think.
A lot of parts in the book made him think.
That was one of the things he liked about it.

Bradley는 고개를 들었다.
마지막 단락의 뜻을 잘 이해하려고 했다.
그런 글은 생각하게 만든다.

> 책에 많은 부분이 그로 하여금 생각하게 만들었다.
> 그것이 그가 좋아하는 일들 중 하나이기도 하다.

이 책은 아이들이 보는 미국의 초등학교 생활을 그린 책인데 좋은 문구가 많다. 문제아 Bradley가 상담 선생님에게 빌린 책을 읽고 있는데 더 잘 이해해 보려고 잠시 머물러 생각해 보는 장면이다. 나도 이럴 때가 있는데 이런 순간에 멈추고 시간이 정지한 그 느낌이 정말 좋다.

빨리 많이 읽고 싶었던 때는 느끼지 못했던 약간의 휴지인데 그 어떤 짜릿함이 책을 계속 읽게 만드는 힘이 되어준다. 그 시간은 작가와 내가 함께 있는 것이 아니라 나 혼자 온전히 떨어져 내 속마음을 다 터놓는 기분이 든다.

3. 나도 이런 공간을 가지고 싶다

《Because of Winn-Dixie
  - Kate Dicamillo》

I wanted a little house full of nothing but books

and I wanted to share them, too.

And I got my wish.

My father built me this house, the very one we are sitting in now.

나는 책으로만 가득 찬 조그마한 집을 갖고 싶었어.

그리고 그 책들을 함께 나누고 싶었단다.

그리고 나만의 소원을 이루게 되었어.

아버지께서는 이 집을 나에게 지어주셨고, 우리가 지금 앉아 있는 이

곳이야.

주인공 Opal은 유기견인 Winn-Dixie와 동네 도서관에 갔다. 덩치가 큰 개라서 사서가 곰으로 오해하는 바람에 사서 선생님은 깜짝 놀란다. 그러고는 도서관에 전에 왔던 곰 이야기를 하기 시작하면서 책과 도서관에 대해서 얘기하는 부분인데 참 좋다. 책으로만 가득 찬 집을 가지고 싶었는데 아버지께서 지어 주셨고 그것이 마을 도서관이 된 이야기다.

이 문구에 밑줄을 친 이유는 나도 이런 꿈을 갖고 있기 때문이다. 책으로 꾸며진 작은 집에서 차를 마시며 음악을 듣거나 오디오북을 들으며 책을 읽고 싶다. 자다가 졸리면 한숨 자고 또 책을 보고 그런 순간을 늘 꿈꾼다. 아이들을 키워야 하고 출근해야 하는 직장이 있는 나로서는 이런 공간과 시간을 꿈꾸며 살아간다. 실현될지는 아직 모르겠지만 그 언젠가를 늘 마음에 품고 있다. 이렇게 책에 실컷 빠져드는 날들이 많아지고 책을 읽는다는 것은 좋은 것이라고 알리고 싶다. 그리고 나와 함께한 책들로 꾸민 그런 공간도 나누고 싶다는 소망이 있다. 이렇게 한 권 한 권 읽고 모으고 함께 나누다 보면, 작더라도 그런 집을 지어 나누는 날이 올 거라고 믿는다.

4. 책을 읽는다는 것은

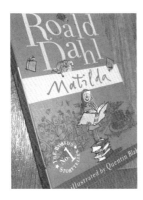

《Matilda - Roald Dahl》

"Mr Hemingway says a lot of things I don't understand." Matilda
said to her.

"Especially about men and women.

But I loved it all the same.

The way he tells it

I feel I am right there on the spot watching it all happen."

"헤밍웨이는 이해 못하는 많은 것들을 말해요."라고 Matilda가 사서
에게 말했다.

"특히 남자와 여자에 관해서요.

하지만 저는 항상 그게 좋아요.

그걸 말하는 방식이요.

책 속에서 벌어지고 있는 장면을 바로 그 곳에서 보는 것 같은 느낌이 들게 해요."

"A fine writer will always make you feel that." Mrs Phelps said.
"And don't worry about the bits you can't understand.
Sit back and allow the words to wash around you, like music."

"훌륭한 작가는 늘 그렇게 느끼게 해 줄거야."라고 사서 Phelps가 말했다.
"그리고 네가 이해하지 못하는 것들을 걱정하지 말거라.
편히 앉아서 책 속의 말들이 너를 씻어주게 두렴, 음악처럼."

　

도서관에 온 꼬마 아이와 사서 선생님과의 대화가 참 좋다. 책을 너무 좋아해서 자기 또래가 읽는 책들은 다 읽어버렸고 이젠 성인 책도 한 권 한 권 읽는 Matilda가 작가 Hemingway에 대해서 얘기하는 장면이다. 아이니까 당연히 어른들의 사랑이야기가 이해가 되지 않지만, 글을 읽고 있는데 마치 그 소설 속에 들어가 있는 것 같은 느낌이 좋다고 한다. 위대한 작가는 그런 것 같다. 글이라는 것을 입체적이고 감각적으로 풀어낼 줄 아는 것이다. 이 책의 작가인 Roald Dahl은 이렇게 아이들 책을 빌어서 헤밍웨이를 칭찬하는 것만 같다.

　사서의 대답도 좋다. 어린 아이가 어른 책은 읽어서 뭐하냐고 혼내지 않는다. 이해가 되지 않는다고 해도 걱정하지 말라고 한다. 정말 좋은 문구다. '책속의 말들이 음악처럼 너를 씻어주게 두렴(allow the words to wash around you, like music)'이라는 표현이 정말 마음에 든다. 처음에는 이 표현이 뭔가 손끝이 오글거렸는데 책을 읽다보니 정말 책 속의 좋은 말들이 나를 씻겨주는 느낌을 받을 때가 있다. 적절하지 않은 표현이라고 생각했던 것이 정말 적절한 표현이구나라고 생각할 만큼 책에 대한 나의 태도나 자세도 많이 바뀐 것이리라.

It was pleasant to take a hot drink up to her room

and have it beside her

as she sat in her silent room reading in the empty house in the afternoons.

The books transported her into new worlds

and introduced her to amazing people who lived exciting lives.

따뜻한 음료 한 잔을 방에 가져다

바로 옆에다 두는 게 정말 즐거운 일이었다.

오후가 되어 아무도 없는 빈집에서 조용한 자기 방에 앉아 책을 읽을 때.

그 책들은 이 아이를 새로운 세계로 데려가 주기도 하고,

흥미진진한 인생을 살았던 멋진 사람들에게 소개시켜주기도 했다.

책 대출이라는 것을 알게 된 Matilda는 집으로 책을 한가득 가지고 와서 따뜻한 음료 한 잔 준비하고는 책에 빠져든다. 어린 아이가

집중하며 자기의 생각과 작가의 생각을 함께 나누는 시간을 갖는다니 너무나도 예뻐 보인다. 따라서 옆자리에는 차를 한 잔 두고 책에 흠뻑 빠져보고 싶게 만드는 문구다. 사실 나는 책이라는 것을 한 달에 한 권도 읽지 못하며 살았었다. 몇 년 전 책을 열심히 읽어 보겠다고 결심을 한 후 실패하고 도전하고 시행착오를 겪어가며 책을 읽어 왔다. 그러면서 저자와 나의 생각을 비교하며 대화를 나누고 나의 편협했던 생각을 다시금 바로잡는 그 순간을 즐기다 보니, 그 어떤 것으로도 바꾸지 못할 큰 즐거움이 되었고, 영어 원서까지 확장하게 되었다. 책을 읽는 과정에서 느끼는 그 즐거움을 이루 말할 수가 없다. 책과, 따뜻한 차 한잔을 마시며 책 페이지 넘기는 소리를 들으며, 고요한 가운데 나의 생각과 저자의 생각을 치열하게 나누는, 동시에 내면은 소란스러운 그런 시간이 참 감사하고 소중하다.

5. 다르게 읽어야 한다

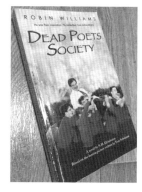

《Dead Poets Society
- N.H.Kleinbaum》

"If you're sure about something,
force yourself to think about it another way,
even if you know it's wrong or silly.
When you read,
don't consider only what the author thinks,
but take time to consider what you think."

"너희들이 어떤 것을 확신한다고 해도,
다른 방식으로 그것에 대해 생각하도록 노력하렴,
비록 그것이 틀렸고 어리석다는 걸 알지라도.
너희들이 책을 읽을 때에,
작가가 생각하는 것을 그냥 고려하지는 말거라,
시간을 가지고 너희들이 생각하는 것을 잘 고민해 보도록 하렴."

이 책과 영화에서 전체적으로 흐르는 주제인 '다르게 생각하기와 용기내기'에 대한 표현인데 정말 좋다. 분명 내가 선택한 책을 읽는 것인데 어떤 경우에는 책이 나를 찾아온 것 같은 기분이 들 때가 있다. 이런 문구를 읽을 때도 그런 생각을 하곤 한다. 원서를 처음 읽을 때에 영어 학습서나 영어 원서 읽는 사이트에서는 사전도 찾지 말고 빠르게 읽으라고 했다. 그런 방식으로 50권 쯤 읽다 보니 막다른 벽에 도달한 것 같았다. 어학 실력도 오르지 않았고, 책에서 감동도 크게 느낄 수 없었다. 남은 거라곤, 책을 많이 읽었다는 것과, 책 제목을 많이 알게 되었다는 껍데기뿐이었다.

하지만 다시 시작했다. 다시 처음으로 돌아가서 제대로 차근차근 사전을 찾아가며 읽고, 작가가 말하고자 하는 것을 읽어냈다. 작가가 말하고자 하는 것이 내 생각과 어떻게 다른지 고민하게 되었다. 그러니 그냥 수동적으로 읽을 것이 아니라 충분한 시간을 가지고 작가의 생각이 아닌 내 생각에 귀 기울이라고 하는 이 말에 정말 공감하게 된다. 책과 DVD 잘 가지고 있다가 내 아이들이 중고등학생이 되었을 때 슬며시 꺼내서 아이들도 접할 수 있게 해 주고 싶은 그런 책이다. 사랑에 울고, 진로를 고민하고, 자살을 택하고, 배신을 하고, 그 나이에 경험할 수 있는 감정들을 잘 그려주었기 때문이다. 물론 가슴이 먹먹했던 마지막 장면도 잊을 수 없다. 이 책 속에서는 유명한 작가들도 많이 소개된다. 그런 작가들의 말을 실은 부분과 Keating 선생의 좋은 말들에 감동하고 공감하며 마음속에 잘 새길 수 있었던 책이었다.

6. 종이는 태웠지만

《When My Name Was Keoko
– Linda Sue Park》

You burn the paper but not the words.

You silence the words but not the thoughts.

You kill the thoughts only if you kill the man.

And you will find that his thoughts rise again

in the minds of others – twice as strong as before.

당신네는 종이는 태웠지만 말은 태우지 못했어요.

당신네는 말은 못하게 했지만 생각마저 잠재우지는 못했어요.

당신네는 사람을 죽이면서 생각을 죽이지요.

당신네는 그 사람의 생각이 다시 살아나는 걸 보게 될 거에요

다른 사람들의 마음속에 – 그 전보다 두 배는 더 강한 생각으로.

이 책은 재미교포인 린다 수 박(Linda Sue Park)이 일제 시대를 영어로 쓴 책에 나오는 부분이다. 영어책 표지에 무궁화가 나오다니 정말 볼 때마다 고마움을 느끼게 하는 책이다. 이 작가가 우리나라에 대해서 쓴 또 다른 영어책 《사금파리 한 조각》으로 번역된 책 《A Single Shard》라는 원서 표지에는 고려청자가 나온다. 영어 원서에 우리나라가 등장하면 애국심이 자연스럽게 솟아오른다.

이름을 바꾸게 하고 우리의 말을 쓰지 못하게 했던 그 당시의 감정이 느껴진다. 주인공 소녀 선희는 안네의 일기처럼 일기를 써 왔는데 일본군이 집에 들이닥쳐 그 공책을 태워버리고 만다. 그것에 굴하지 않고 다음날부터 다시 일기를 쓰기 시작하면서 적는 첫 글 부분인데 참 마음에 와 닿았다. 우리의 소중한 말에 대해서 또 언급되어 밑줄 그었던 부분이 있는데 그 글도 소개한다.

If words weren't important,
they wouldn't try so hard to take them away.

만약 언어라는 것이 중요하지 않았다면,
그걸 없애버리려고 그렇게 노력하지 않았겠지.

문법 시간에 공식처럼 배웠던 가정법과거 표현이다. 과거 사실에 대한 반대니까 언어라는 것이 정말 중요하기 때문에 일본은 우리말을 없애려고 무척 노력했다는 의미가 된다. 말이라는 것과 생각이라는 것, 그리고 책이라는 것과 쓴다는 것에 대해서도 깊은 생각을 하게 하는 문구다.

　원서를 처음 읽기 시작 했을 때는《Number the stars》를 기본서처럼 추천해 주어서 읽어 본 적이 있는데 두 책이 좀 비슷하다. '덴마크 – 독일 – 저항운동 – 유태인 탄압'이《Number the stars》의 구성이라면, '한국 – 일본 – 항일운동 – 한국인 탄압'의 이야기 구성이 이 책의 흐름이다.

　원서 읽는 한국인이라면 이 책도《Number the stars》와 같이 읽어 보시길 권해 드린다. 우리나라가 무대라서 배경지식이 있어 어렵지 않고 누군가에게 짧은 지식으로라도 영어로 일제강점기를 설명해 주기에도 좋은 책이다. 아이들에게 물려 꼭 읽히고 싶은 책이기도 하다.

7. 살기 위해 읽었다

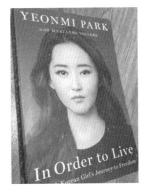

《In Order to Live — Yeonmi Park》

Once I was home, all I did was read.

I inhaled books like other people breathe oxygen.

I didn't just read for knowledge or pleasure; I read to live.

I had only $30 a month to spend, and after expenses,

I would use everything I had left to buy books.

Some were new; some came from a secondhand store.

Even if I was hungry, books were more important than food.

I didn't know there were public libraries until much later.

It seems hard to believe now,

but we had so little information about life in South Korea when we first arrived.

I started with Korean translations of children's books,

then moved on to picture books about the countries of the world.

I bought books about Roman mythology and world history.

I read biographies of Abraham Lincoln, Franklin Roosevelt, and Hillary Clinton.

I was interested in America, and I particularly loved biographies because they were about people who had to overcome obstacles or prejudices to get ahead.

They made me think I could make it when nobody else believed in me, when even I didn't believe in myself.

집에 있게 되자, 내가 한 것이라고는 책 읽기였다.

나는 사람들이 산소를 호흡하는 것처럼 책을 흡입했다.

나는 지식이나 흥미를 위해서 책을 읽지 않았다; 살기 위해서 읽었다.

한 달에 쓸 수 있는 돈이 30달러였는데, 지출 후에,

남긴 돈을 책 구입에 썼다.

어떤 책은 새 책이었고; 어떤 책은 헌책방에서 산 것들이었다.

비록 배고팠지만, 책이 음식보다 더 중요했다.

나는 한참이 지나서야 공공도서관이 있다는 것을 알았다.

믿기 어렵겠지만,

처음에 도착했을 때 남한 삶에 대한 정보가 거의 없었다.

한국어로 번역된 아이들 책에서부터

세계 각국의 그림책으로 읽어 나갔다.

로마 신화와 세계의 역사에 대한 책을 샀다.

아브라함 링컨, 프랭클린 루즈벨트, 힐러리 클린턴에 대한 전기를 읽었다.

나는 미국에 관심이 많았고 특히 전기문을 좋아했다.
그것은 앞에 놓인 장애물과 편견을 극복한 사람에 대한 책이었기 때문이다.
그 책들을 읽고 있으면 아무도 나를 믿지 않아도 할 수 있을 거라는 생각이 들었다.
심지어 내가 나 자신을 믿지 못하는 순간에도.

어느날 페이스북을 보는데 북한을 탈출한 소녀 아이가 한복을 입고 무대에 서서 영어로 탈출 이야기를 발표하는 거다. 대한민국에 사는 소녀 아이가 미국의 큰 무대에서 발언하는 것도 눈길을 끌만 하지만, 북한 소녀라니 깜짝 놀랐다. 이 소녀의 이야기를 듣다 보니 탈북 이야기가 믿기지 않을 정도로 참혹했다. 엄마가 성폭행 당하는 것을 눈 앞에서 봐야만 했던 부분에서는 나도 모르게 얼굴을 찡그리고 눈이 질끈 감길 만큼 진실이 아니라고 믿고 싶었다. 그 이야기의 심각성에 마음이 흔들린 것과 동시에 탈북한 아이가 어떻게 이렇게 영어를 할 수 있고 미국에서 발언할 수 있을 정도가 되었을까가 나의 관심을 끌었다. 어쩔 수 없는 건가 보다. 이 참혹한 이야기를 듣다가도 영어를 잘하는 아이에 다시 신경이 쓰이다니.

그래서 이 아이의 책을 영어로 구해 읽어 보았다. 남한에 와서 적응해 가며 살아가기 위해서 이 소녀는 책에서 길을 찾는다. 아이들 책에서부터 시작해서 읽어 나가기 시작하고, 정말 필요한 데에만 지출을 하고 아껴둔 돈을 책을 사는 데에 쓴다. 그리고 미국과 미국의 위인들에 대해 관심을 가지게 되고 '나도 할 수 있다'는 자신감을 키워나가게 된다. 사람들이 산소를 호흡하듯 책을 흡입해 나갔다는 문구가 참 마음에 와 닿는다. 그냥 감동의 수준이 아니라 치열한 노력이 느껴지기 때문이다. 정보나 즐거움이 아닌 살아남기 위한 독서를 했다는 것에도 공감이 간다. 이 책을 읽는 내내 마음이 불편했다. 인정하기 싫은 현실이라서 그랬는지 다시 읽고 싶은 마음이 들지 않을 정도로 반성하게 하고 배울 점이 참 많은 책이었다.

8. 검은 것은 글자요, 흰 것은 여백이요

《The Kite Runner– Khaled Hosseini》

To him, the words on the page were a scramble of codes,
indecipherable, mysterious.
Words were secret doorways and I held all the keys.

그에게 있어서, 페이지에 적힌 글자란 휘갈겨 쓴 코드 같은 것이었고,
해독할 수 없고, 알쏭달쏭한 것이었다.
글자는 비밀의 문으로 가는 것이었고 내가 그 열쇠를 쥐고 있었다.

'연을 쫓는 아이'로 번역된 책에 나오는 글귀다. 부유한 집 아들 Amir네 집에 살면서 집안일을 거들며 살아가는 하층 계급 아이 Hassan은 글자를 모른다. 가끔 Amir는 Hassan에게 글을 읽어 주는

척 하며 이야기를 만들어 내기도 하고, 어휘를 반대 뜻으로 가르쳐 주기도 하는데 바로 그 장면에서 나오는 문구다.

이 부분에 밑줄을 친 이유는 처음 원서를 읽을 때 느꼈던 그 답답함이 느껴졌기 때문이다. '검은 것은 글자요, 흰 것은 여백이요'의 느낌이 들었었던 것인데 사전을 찾아도 문맥이 말하는 것이 무엇인지 행간에서 읽어야 하는 것이 무엇인지 그 참 맛을 알지 못했었다. 저 구절 속에 Hassan처럼 글자를 모르고 답답했던 때가 생각이 난다. 물론 지금은 원서를 읽고 듣는 것이 즐거움이 되었지만.

9. 책이 가득한 방

《The Book Thief − Markus Zusak》

Books everywhere!

Each wall was armed with overcrowded yet immaculate shelving.

It was barely possible to see the paintwork.

There were all different styles and sizes of lettering on the spines of the black, the red, the gray, the every−colored books.

It was one of the most beautiful things Liesel Meminger had ever seen.

With wonder, she smiled.

That such a room existed!

Even when she tried to wipe the smile away with her forearm,

she realized instantly that it was a pointless exercise.

여기저기 다 책!

모든 벽이 포화 상태면서도 티 없이 깔끔한 책장으로 무장해 있다.

벽 페인트칠을 보는 것은 거의 불가능한 수준이었다.

검정, 빨강, 회색, 모든 색깔의 책등에는 스타일과 크기가 다양한 글자들로 채워져 있었다.

이건 Liesel이 이제껏 본 것 중에서 가장 아름다운 것 중 하나였다.

놀라움을 느끼며 그녀는 미소지었다.

이런 방이 존재하다니!

팔뚝으로 얼굴에 번지는 미소를 닦아보려 했지만,

그녀는 그게 아무 소용없는 일이라는 것을 바로 깨달았다.

Steadily, the room shrank,

till the book thief could touch the shelves within a few small steps.

She ran the back of her hand along the first shelf,

listening to the shuffle of her fingernails gliding across the spinal cord of each book.

It sounded like an instrument, or the notes of running feet.

She used both hands.

She raced them.

One shelf against the other.

And she laughed.

Her voice was sprawled out, high in her throat,

and when she eventually stopped and stood in the middle of the room, she spent many minutes looking from the shelves to her fingers and back again.

How many books had she touched?

How many had she felt?

She walked over and did it again, this time much slower,

with her hand facing forward, allowing the dough of her palm to

feel the small hurdle of each book.

It felt like magic, like beauty,

as bright lines of light shone down from a chandelier.

Several times,

she almost pulled a title from its place but didn't dare disturb them.

They were too perfect.

천천히 방이 줄었고,

책 도둑은 몇 발자국 앞에 있는 책장을 만질 수 있었다.

그녀는 손등으로 첫 번째 책장을 흐르듯 만졌고,

각각의 책등을 손톱이 가로질러 끄는 소리를 들었다.

그 소리는 마치 악기 같았고, 악보 소리 같았다.

그녀는 두 손을 다 이용했다.

그녀는 두 손을 다 이용해서 흐르듯이 만졌다.

한 책장 그리고 또 다른 책장.

그리고 그녀는 웃었다.

그녀의 목소리는 목구멍 속에서 높게 퍼져 나갔고,

마침내 멈추어서 방 한가운데에 서 있을 때,

책장을 봤다가 손가락을 봤다가 했다가를 반복했다.

얼마나 많은 책을 만졌을까?

얼마나 많이 느꼈을까?

그녀는 걸어가며 다시 그렇게 했다. 이번에는 좀 더 천천히,
손바닥으로, 손바닥이 책의 작게 튀어나온 부분을 느낄 수 있도록 했다.
그건 마치 마법, 아름다움 같은 것이었다.
마치 밝은 빛이 샹들리에에서 비춰주는 것 같았다.
몇 번을,
그녀는 책장에서 한 권을 꺼낼 뻔 했지만, 감히 책장을 흩뜨리지 않
았다.
그건 너무나도 완벽했다.

무덤 파는 사람의 책을 훔치면서 시작된 책 도둑 소녀 Liesel의
이야기. 이 소녀가 시장님 댁 서재에 처음 들어갔을 때의 장면이다.
책과 책장을 보며 느끼는 감정 표현이 참 섬세하고 대단하다는 생
각이 든다. 작가의 표현력에 감동하며 읽었던 기억이 난다. 책에 대
한 이 작가의 생각이 정말 잘 드러난 부분이다. 책을 그냥 좋아하는
것이 아니라 마법과 같고, 아름다움이며, 빛을 비춰주는 샹들리에
같다고 한다.

책을 한 권 꺼내 읽고 싶었지만 책장에 있는 그대로가 너무 아름
다워서 감히 책장을 방해하지 않는다고 한다. 고정된 해석이 부끄
러울 정도로 원어를 읽으면서 상상되는 장면이 참으로 예쁘다. 책
과 책장에 대해 이런 마음을 품은 책도둑이라면 사랑받아 마땅하다.

"Don't punish yourself," she heard her say again,
but there would be punishment and pain, and there would be

happiness, too.

That was writing.

"너무 자책하지 말거라."고 시장 사모님은 또 얘기했다.
하지만 자책도 고통도 있을 것이고, 물론 행복도 있을 것이다.
그게 바로 책 쓰기다.

책을 훔쳐가며 읽은 소녀는 결국 책을 쓰게 된다. 그때 자기 책을 훔쳐가는 걸 알면서도 시장님 아내는 이렇게 말해 준다. 너무 힘들어하지 말라고 말이다. 하지만 소녀 Liesel은 알고 있다. 글을 쓴다는 것은 자책과 고통과 행복이 같이 올 거라는 것을. 전체적인 내용이 다 흥미로웠고 재미있었지만, 기억에 남는 부분은 바로 이것이다. 공습을 피해서 지하 대피소로 동네 사람들이 모였고, 다들 웅성웅성 불안감을 표현할 때 책 도둑인 이 소녀가 한 일은 바로 책을 소리 내어 읽은 것이다. 마을 사람들도 그 이야기에 잠시 마음을 뺏겨 모두 그 순간의 공포를 이겨내는데 이 작가의 글에 반할 수밖에 없다.

10. 여행지에서도 책을 사는 나

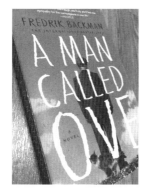

《A Man Called Ove
— Fredrik Backman》

Ove couldn't remember which one;

there were always so many books around that woman.

In Spain she had bought a whole bag of them,

despite not even speaking Spanish.

"I'll learn while I'm reading." she said.

Ove는 어느 책인지는 기억이 나지 않았다;

아내 주위에는 항상 책이 많았다.

스페인에 갔을 때, 아내는 책을 가방 하나 가득 사기도 했다.

심지어 스페인어를 할 줄도 모르면서 말이다.

"나는 읽으면서 배울 거에요."라고 아내는 말했었다.

세상을 떠난 아내를 그리워하는 까칠하지만 정 많은 Ove라는 남자 이야기. 이 문구는 나중에 내가 세상을 떠나면 내 남편이 할 말인지도 모른다. 우리집에도 아내인 내 주변에 책이 많기 때문이다. 남편은 먼지 알레르기가 있어서 거실도 하루에 두 번 닦아야 하고 먼지에 예민한 편인데, 아내인 나는 여기저기 책을 쌓아두고 읽으니 남편의 알레르기는 가실 줄을 모른다. 늘 남편에게 미안한 마음이 있었는데 이 문장을 보고는 무슨 면죄부를 받는 것 마냥 기분이 좋았다. Ove가 그렇게 사랑한 아내도 책 욕심이 많은 여자였다니, 내 남편도 아내가 책 욕심이 많은 것을 예쁘게 기억해 주었으면 좋겠다. 알레르기 유발자라고 미워하지 말고.

이 문구가 기억이 나서 그런 것은 아닌데 싱가포르에 출장을 가서도 나는 영어 원서를 샀다. 여행지에서도 책을 산 것인데 Ove의 아내와 비슷한 것 같다.

외국에서 영어 원서를 사면 국내에 번역되지 않은 책을 접할 수 있어서 좋다. 아무래도 국내 서점에서 파는 책들은 번역서가 고전인 책의 원서이거나, 영화가 히트한 책의 원서인 경우가 많은데 이렇게 여행지에서 사는 원서는 좀 다르게 다가온다. 책을 한 권 샀을 뿐인데 뭔가 추억이 더 추가되는 느낌이 든다. 그 책을 읽고 책장에 꽂아 두고 어느날 다시 꺼내 보면 그 책을 샀을 때 그 도시의 느낌과 동행했던 동료가 생각이 난다. 아무래도 나에게 책은 사진첩과 같다.

11. 책이 많은 시대에 태어나

《Pirates Past Noon
 - Mary Pope Osborne》

"You are lucky to be born in a time with so many books."

"이렇게 책이 많은 시대에 태어난 너희들은 정말 행운아야."

원서 읽기 초보 시기에 열심히도 읽었던 시리즈 《Magic Tree House》 4권에 등장하는 표현이다. 먼저 소개해 드린 《There's a Boy in the Girls' Bathroom》에서도 책에 대해 생각해 볼 좋은 문구들이 있었는데, 이 책은 70페이지 정도의 얇은 책이다. 그런 책에도 이렇게 책에 대한 좋은 문구들이 등장한다. 책이 귀한 Camelot 시대에서 온 Morgan이 현대를 사는 아이들에게 하는 말이다. 나는 한번도 책이 많은 시대에 태어난 것이 행운이라고 생각해 본적이 없었다. 책은 독서를 좋아하는 사람들 일부가 읽는 것이고, 서점은 문제집을 사러 가는 곳이라 생각했다. 정말 유명한 베스트셀러도 한 달에 한 권도 읽지 않았었다.

인생에 대한 답을 알지 못하고 고민으로만 살아가다가 책이라도 한 권 제대로 읽자고 시작한 책 읽기였는데, 꾸준히 지속적으로 하다 보니 원서 읽기까지 하고 있다. 전에는 몰랐는데 책을 읽기 시작하니 정말 책이 많은 시대에 태어난 것이 얼마나 고마운지 알 것 같다. 영어 원서를 읽기 시작하니, 시험 영어라고 구박받는 수준이라 해도 영어를 배운 것이 얼마나 감사한 일인지도 알게 되었다. 약간만 노력하면 읽을 수 있고 생각할 수 있고 감동할 수 있고 내가 변화할 수 있기 때문이다.

얇든 두껍든 작가들은 자신들의 책을 통해 책에 대해 가진 생각을 우리에게 전달해 준다. 아마 이 작가도 책을 읽는 것은 과제나 숙제가 아니라 축복이라고 말하고 싶었는지도 모른다.

12. 책을 마음껏 읽을 수 있는 천국 같은 곳

《Day of the Dragon King
– Mary Pope Osborne》

"In fact, there are probably thousands of libraries in our country."

"And millions of books."

"And no one burns them."

"Everyone gets to go to school to learn to read them."

"사실, 우리나라에는 아마 수천 개의 도서관이 있을걸요."

"그리고 수백만 권의 책들도 있어요."

"그리고 아무도 책을 태우지 않아요."

"모두가 책을 읽으려고 학교에 다녀요."

"It sounds like paradise." he said.

"내게는 참 천국 같은 곳처럼 들리는구나."라고 중국 학자가 말했다.

책 제목에 나오는 Dragon King(용왕)은 중국의 진시황제를 뜻하는 말로 이 책은 '분서갱유'를 그린 책이다. 진시황제가 새로운 사상을 불어 넣어 위험하다며 책을 불태우고 학자들을 탄압했던 시기의 이야기로 책을 구하러 간 아이들의 모험이 펼쳐진다.

아이들이 사는 곳은 책을 마음대로 읽을 수 있고 도서관에도 수천 권의 책이 있고, 모든 사람들은 배우고 책을 읽기 위해 학교에도 다닌다는 말에, 과거 중국의 학자는 천국처럼 들린다고 한다. 언제나 책을 볼 수 있는 이 곳이 바로 파라다이스라는 말은 믿기지 않지만, 그 당시 학자들이 꿈꿀 수도 없었던 현실 속에 우리는 지금 살고 있는지도 모른다.

사실 생각해 보면 아무것도 할 게 없는 순간에 뭔가 읽을거리라도 없으면 심심해 죽을 지경이다. 이제는 습관이 되어서 어디를 가든 책을 들고 다니고, 책이 아니라도 스마트폰으로 읽을거리는 넘쳐나는 세상이 되었다. 아무것도 읽을 것 없이 무언가 기다리며 시간을 보내야 한다고 생각하면 정말 지옥 같다. 그러니 중국 학자의 말이 이해가 되기도 한다. 읽을거리가 넘쳐나는 것은 한편으로는 숙제처럼 느껴지기도 하지만, 차분히 생각해 보면 파라다이스같기도 하다.

13. 글자들이 수영을 해

《Hopeless
 - Colleen Hoover》

My eyelids slowly close
and I keep trying to will them to stay open
but the words are beginning to swim together on the screen
and nothing is even making sense.

눈꺼풀이 천천히 감기고
눈을 떠보려고 계속 노력해 보지만
글자들을 스크린 위에서 수영하기 시작하고
도통 이해되지 않았다.

선물받은 E-book reader로 책을 읽고 있는 Sky는 늦은 밤이라서 계속 졸음이 몰려 와 힘들어한다. 집중할 수가 없어서 스크린에서 글자들이 수영한다고 한 표현이 재미있다. 이 작가는 사소한 장면 하나도 아주 세심하고 구체적으로 잘 쓴다. 감기는 눈꺼풀을 이겨 내며 책 읽는 장면이 예뻐 보여 독자는 더 열심히 책을 읽게 된다.

이 책은 스토리가 참으로 중요하기에 많이 공개하면 책에 대한 호기심을 떨어뜨릴 수 있어서 줄거리 소개 말고, 이 책을 읽었을 때의 기분을 나누고 싶다. 이 책의 작가 Colleen Hoover는 내가 영어 원서에 재미를 붙일 수 있게 도와준 작가다. 영어 원서를 읽기 시작하면서는 분량이나 소재가 부담이 없는 아이들 책에서 시작했고, 영화의 영상이 기억에 남아 도움이 되는 영화의 원작이나 번역서로 읽어 본 적이 있는 원서를 읽었다. 이 Hopeless 시리즈를 읽으면서 드디어 국내에 번역이 된 적도, 영화로 소개된 적도 없는 작가의 책을 원서로 읽는 기분을 느끼게 된 것이다. 그 전에 읽은 원서들은 이미 알고 있는 것을 영어로 재차 읽어 보는 단계였다면, 이 작가의 책부터는 영어 원서 그대로를 읽고 이해하는 짜릿한 기분을 느끼게 된 것이다.

사실, 《안나 카레니나》, 《톰 소여의 모험》, 《위대한 유산》, 《동물 농장》, 《제인 에어》와 같은 고전을 영어로 읽는, 말 그대로 영어영문학과 학생들이 수업에서 다루는 책들을 영어로 읽는 것이 진짜 영어 원서를 읽는 최종의 단계라고 생각했었다. 그래서 늘 마음에는 이런 고전들의 제목을 기억하며 언젠가는 도전하리라 마음먹은 것도 사실이다.

그래서 아이들 책, 영화 원작, 번역서가 유명한 책들로 단계를 높여 나갔고, 그 최종 단계에는 고전이 있었다. 하지만 이런 단계에서는 영어 원서만을 읽는 것 이외에 영화나, 번역서 등 각종 정보로 도움을 받거나 반대로 방해를 받을 수가 있다. 하지만, 아이들 책도 아니고, 영화로 소개된 적도 없고, 번역서도 없으며, 제목이 유명하지도 않은 현 시대의 원서를 읽는 단계는 다른 어떤 정보의 간섭이 없이 정말 순수하게 이 책에만 집중할 수 있다. 실력도 감동도 내 몫으로 기분 좋은 느낌이 있는데, 이 작가의 책이 그랬다.

14. 하루 한 단어라도 써야지

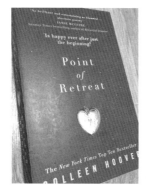

《Point of Retreat - Colleen Hoover》

Like me, my father loved to write.
He always used to tell me
that writing down his daily thoughts was therapeutic for his soul.

나처럼, 아버지도 글 쓰는 걸 좋아하셨다.
그는 항상 이렇게 말씀하시곤 했다
하루 동안 했던 생각들을 적는 것이 영혼을 치료하는데 도움이 된다고

With all that said(or written), writing is my resolution.
Even if it's just one word a day,
I'm going to write it down.... get it out of me.

> 말로 기록하든 또는 적어서 기록하든, 글쓰기는 나의 새해 다짐이다.
> 비록 하루에 한 단어라 할지라도,
> 나는 적어나갈 것이고…. 내 안에서 글을 꺼낼 것이다.

남주인공 Will은 시를 쓰는 국어 선생님이다. 그가 아버지를 회상하는 부분이 있는데, 아버지가 책을 좋아하고 뭔가를 쓰는 걸 좋아했다고 한다. 하루동안 일어났던 어려운 일들을 쓰다 보면 다 힐링이 되는 사람이었고, Will도 새해가 되면서 결심을 한다. 하루에 한 글자라도 쓰겠다고 말이다. 그래서 이 책의 매 챕터는 Will이 적어보는 글로 시작하고 Will이 I로 주인공이 되면서 풀어낸다.

책을 읽는 것과 책을 쓰는 것은 또 다른 차원의 일이다. 책을 읽는 것에 일상이 방해를 하듯이 책을 읽는 것이 어느 정도 습관이 되었고 이젠 생각이 쏟아져서 쓰고 싶은 순간도 많았는데도 차분하게 앉아 쓰는 것이 어려웠다. 이 책 주인공 Will처럼 작정을 해야 하는 것 같다. 하루에 한 단어라 할지라도 나는 쓸 거라고 했는데 그 말이 맞다. 글 읽기나 글쓰기라는 것을 자연스럽게 만드는 것은 꽤 오랜 시간과 에너지가 걸리는 일이다. 그래도 한 글자 한 글자 적다 보면 글 쓰기가 습관이 되는 날이 올 거라고 믿는다.

15. 책 귀퉁이를 접은 책

《The Notebook - Nicholas Sparks》

He thumbed through old books with dog-eared pages,
books he's read a hundred times.

그는 자주 봐서 모서리가 접힌 페이지들이 많은 낡은 책의 페이지를
넘겼다.
그가 100번은 읽어왔을 책들.

'dog-eared'라는 표현이 재미있다. '개의 귀가 되어버린'이라는
뜻인데 강아지 귀가 반으로 축 접혀 있는 모양으로, 책을 자주 봐서
페이지 모서리가 접혀진 상태를 표현한 것이다. 인생을 살면서 '강
아지 귀가 된 페이지', 'dog-eared page', 'dog-eared book'이라는

표현을 듣는 순간 떠올리는 책 한 권이 있다면 행복한 삶인 것 같다. 너무나도 마음에 드는 책이라서 백 번이나 읽어서 모서리가 다 접혔는데도 또 읽고 또 읽는 책을 갖는다는 것.

많은 책을 읽는 것도 좋지만, 나이가 들고 성장하면서 생각이 달라지는 과정에서도 하나의 책을 통해서 그때 그때 다른 교훈과 감동을 얻는 것도 참 중요하다. 평생에 걸쳐 독서를 한다는 것은 어쩌면 인생에 있어 'dog-eared page'로 가득한 책 한 권을 찾아가는 여정인지도 모른다.

16. 책은 나를 외롭지 않게 해 주었다

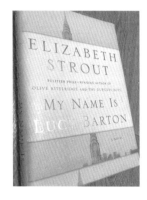

《My Name is Lucy Barton
− Elizabeth Strout》

My teacher saw that I loved reading,

and she gave me books, even grown−up books, and I read them.

And then later in high school I still read books,

when my homework was done, in the warm school.

But the books brought me things.

This is my point.

They made me feel less alone.

This is my point.

And I thought:

I will write and people will not feel so alone!

선생님은 내가 책을 좋아하는 걸 아셨고,

책도 주셨다, 심지어 성인책도 주었는데, 나는 그 책들을 다 읽었다.
그리고 나중에 고등학생이 되어서도 나는 여전히 책을 읽었다.
숙제를 마치면 따뜻한 학교에서
책은 나에게 여러 가지를 가져다 주었다.
이것이 포인트다.
책은 나를 덜 외롭게 해 주었다.
이것도 중요하다.
나는 이렇게 생각했다:
다음에 책을 써서 사람들이 외롭지 않도록 하겠다고!

《Olive Kitteridge》로 퓰리처상을 수상한 작가 Elizabeth Strout의 소설에 나오는 글이다. 주인공 Lucy는 정말 찢어지게 가난했던 유년 시절을 보냈다. 집이 너무나도 추웠던 그때 그래도 학교에는 따뜻한 온기가 남아 있었는데 수위 아저씨의 허락을 받고 최대한 학교에 남아 숙제를 하고 책을 읽는다. 추위를 피하려고 학교에 남았던 것 덕분에 소녀는 책을 좋아하게 되었고 외롭지 않게 되었다고 한다. 그리고 책 덕분에 내가 외로움을 느끼지 않게 되었듯 자기도 책을 써서 다른 사람들이 외로움을 느끼지 않도록 하겠다고 한다.

책을 읽다 보면 주인공은 책을 좋아하는 사람으로 나올 때가 많다. 다른 작가들도 그렇지만, 국내 작가들도 등장인물의 말과 행동을 빌려서 책을 좋아하는 자신의 모습을 투영시키는데 이 책도 마찬가지다. 주인공 Lucy는 책을 쓰는 작가로 나온다.

풍요로움 속에서 혹은 글쓰기 교육을 받아서 글을 쓰게 된 것이 아니라, 경제적으로 어려웠지만 책에 대한 애정이 남달랐던 과거의 경험을 인물을 통해 보여주는 것이 아닌가 하는 생각이 들게 한다. 책을 읽다 보면 정규 교육을 받아 작가가 된 이야기보다는 오히려 다양한 경험이 글쓰기의 동기가 된 듯한 글을 자주 읽게 된다. 경제적으로 어려웠던 것이 혹은 치열하게 외로웠던 것이 그 순간에 많은 생각들을 했던 것이 글쓰기의 글감이 된 것이다.

책을 읽거나 영어 원서를 읽는 것에 대해서도 다양한 경험이 책을 이해하는데 도움이 된다고 한 적이 있는데, 책을 쓰는 것에도 이것은 맞는 말인 것 같다. 글을 쓰는데도 다양한 경험과 생각이 도움이 되는 것이다. 그것이 아주 궁핍했던 시절을 보냈던 경험이라 할지라도 그것을 불행하다 생각지 않고 잘 다듬어 공감하는 이야기로 만드는 것이 중요하다.

17. 마술 같은 건 없어요

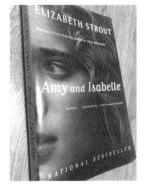

《Amy and Isabelle — Elizabeth Strout》

"There's nothing magical about being a good cook.
Get a cookbook.
If you can read, you can cook."

"유능한 요리사가 되는 데에 마술 같은 건 없답니다.
요리책을 한 권 사세요.
당신이 그 책을 읽을 수 있으면, 요리도 할 수 있어요."

　내가 좋아하는 또 다른 여성 작가 Elizabeth Strout의 책에 나오는
문장인데 단순하지만 눈을 확 사로잡는 글이라서 소개해 본다. 유
능한 요리사가 되는 것은 별다른 비법이 있는 것이 아니라, 요리책

을 한 권 사서 그걸 잘 읽어 보면서 실행으로 옮기는 것이라고 한다. 영어를 잘하고 싶고, 영어책을 잘 읽고 싶은 마음에, 방법을 찾아 나도 이 책 저 책 열심히 보고, 이 사이트 저 사이트도 많이 가봤었다. 지금 생각해 보면 일단 책을 잡고 한 줄이라도 읽어 보는 게 중요했던 것이 아니었나 하는 생각이 든다. 시행착오도 많았지만, 읽고, 또 읽고, 잘 안 읽히면 쉬었다 또 읽다 보니 이제 조금 원서 읽기가 편해졌다.

이 책에 나오는 Amy의 엄마 Isabelle은 이 문구를 기억하며 서점에 간다. 그러고는 구입한 책이 《Hamlet》이다. '어렵다...그런데...재미있다...'하면서 늦은 시간에, 거실에 내려와 본 적이 없는 깜깜한 밤에 페이지를 넘긴다. 글자를 안다면 책을 읽으면 되는 거라고 작가는 이렇게 슬쩍 알려주는 것 같다.

영어 원서를 읽는데 뭔가 획기적인 방법을 알려드리지 못해 죄송스러운 마음이 있다. 막상 글을 적어 보니 고생고생해서 읽는 방법인 것만 같은데 이 책의 문구를 다시 읽어 보시면서 힘내시길 바란다. 영어 원서를 편하게 읽는 단계를 꿈꾼다면 지금 당장 영어 원서를 구해서 한 단어를 읽고, 한 줄을 읽고, 한 단락을 읽고, 한 페이지를 읽고, 한 챕터를 읽으면 된다. 그렇게 계속하다 보면 완독하는 것이니까.

18. 구조되는 것보다 더 큰 소망

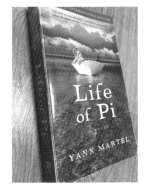

《Life of Pi – Yann Martel》

My greatest wish – other than salvation –

was to have a book.

A long book with a never – ending story.

One I could read again and again,

with new eyes and a fresh understanding each time.

나의 가장 큰 소망은 – 구조되는 것보다 더 큰 소망은 –

책을 한 권 갖는 것이었다.

절대 끝이 나지 않는 이야기가 있는 장편으로.

다시 읽고 또 읽을 수 있는 책,

매번 새로운 시각으로 새롭게 그 뜻을 이해할 수 있는 그런 책.

《파이 이야기》로 번역되어 국내에 소개된 적이 있고 영화로도 제작된 원서다. 난파된 보트에서 하루하루 생명을 유지하며 살아가는 Pi의 가장 큰 소망은 먹을 것도 마실 것도 아니다. 곁에 두고 읽고 싶은 책 한 권을 갖는 거라고 한다. 어떤가? 얀 마텔, 이 작가 무섭게 느껴지지 않는가? 당장 생명을 위협받는 순간에도 이 작가는 책을 꺼낸다. 자연이 주는 위협과 지루함 속에서 인간이 찾게 되는 것이 바로 책이라는 데에 놀라게 된다. 그래서 안락한 의자에 앉아 차를 마시며 책을 읽고 있는 현실에 더욱 감사하게 된다. 더구나 공교육에서 영어를 배운 경험밖에 없어도 영어로 된 책을 읽을 수 있다는 것에 더 큰 감사를 느끼게 된다.

19. 독서를 사랑해 본 적이 없다

《To Kill A Mockingbird - Harper Lee》

I never loved to read.
One does not love breathing.

나는 독서를 사랑해 본 적이 없다.
사람들은 숨 쉬는 걸 사랑하지 않듯이.

왜 풀리처상을 받는가를 인정할 수밖에 없고 고개를 끄덕이며 읽게 되는 《앵무새 죽이기》에 나오는 문구다. 이 책에 등장하는 소녀 Scout는 정말 사랑스러운데 이 책에는 밑줄 친 부분들이 유난히 많았는데 이제야 입학하는 Scout가 하는 말이 대부분이다.

하퍼 리는 미국 사회의 흑인 차별이라는 무거운 주제로 글을 쓰면서도 이렇게 꼬마 아이의 시선으로 멋진 문구를 여기저기에 많이 숨겨두었다. 그래서 읽는 내내 감탄하는 책이기도 하다. 독서는 숨 쉬는 것처럼 당연한 것이라서 사랑한다고 생각해 본적이 없다고 한다. 나는 이 책을 쓰는 내내 원서 읽기를 사랑한다고 좋아한다고 썼는데 정말 사랑한다는 것은 숨 쉬는 것처럼 당연한 것이라서 사랑한다는 표현 자체도 필요하지 않는 것이라고 알려주는 것만 같다.

20. 책에서 얻을 게 하나도 없다

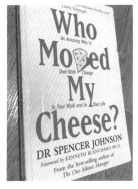

《Who Moved My Cheese?
- Spencer Johnson》

However there were a few people who said they got nothing out of
it.
They either knew the lessons and were already living them,
or, more commonly, they thought
they already knew everything and didn't want to learn.
They couldn't see why so many others were benefitting from it.

하지만 책에서 얻을 게 하나도 없다고 하는 사람들도 있다.
그들은 교훈을 다 알고 있거나, 그 교훈들을 실천하며 살고 있을 것
이다.
아니면 보통은 그들은 생각한다.
자기들이 모든 것을 알고 있어서, 배우고 싶지 않다고 말이다.

그들은 왜 다른 사람들이 책에서 많은 것을 얻는지는 결코 보지 못한다.

책을 읽고 글을 올리고 만나는 사람에게도 책을 권하기도 한다. 그러면 이런 반응들이 나온다. "책 읽는다고 돈이 나와 밥이 나와?"라는 반응이다. 책 읽을 시간에 업무를 더 배우라는 사람도 있고, 책은 다 뻔한 말들을 해서 시간이 아깝다는 사람도 있다.

그런데 나는 아직도 그 말이 이해가 가지 않는다. 책을 읽으니 직접적으로 돈이나 밥이 나오는 것은 아니지만 세상을 읽는 힘이 생겨서 그런지 오히려 업무 처리나 살아가는 게 좀 수월해 진 기분이다. 이것은 어떻게 보면 돈이나 밥이 생긴 것이기도 하다. 책 읽을 시간에 업무를 더 배우라는 경우에도 오히려 책의 효과를 강조하고 싶다. 시간을 쪼개서 책을 읽는 습관에서 오히려 법규나 업무를 이해하는 속도나 이해력이 더 좋아진 것 같다. 그래서 책 읽기가 업무를 방해한다는 생각은 하지 않는다.

하나 더, 책은 다 뻔한 말들을 하니 시간이 아깝다는 지적이 있다. 책은 원래 다 뻔한 말을 하는 것이다. 어디에선가 읽은 글인데 세상의 모든 책은 한 권의 책일 뿐이라는 말이 있다. 결국 책을 읽어 오면서 책이 말하고자 하는 것이 뭔가 생각해 보니 그것은 사랑이었다.

책이 하고 싶은 말은, 자신을 사랑하거나(자기계발), 타인의 삶도 사랑하거나(소설), 동시대를 살아가는 동물과 식물을 사랑하거나(자연과학), 과거를 살았던 조상을 이해하고 사랑하거나(역사), 혹은 미래를 살아갈 우리 아이들을 사랑하자(육아)는, 결국 사랑을 말하고 있는 것인지도 모른다. 그러니 성공해서 부자가 되자고 하고, 시간을 아껴 성공하자고 하고, 평범하지 않은 삶을 살아가는 인물들의 내면도 이해하며 살자고 하는 것이다.

그리고 지금 우리 세대만 생각하며 이기적으로 살지 말고, 미래를 생각하며 조금 불편해도 서로 다독이며 살자고 말하는 것 같다. 결국 책은 하나를 말하는 것이 맞다. 하지만 어느 특정 작가의 마음을 통과하는 순간 다가오는 방식이 다를 뿐이다. 그런 미묘한 차이와 매력 때문에 책을 읽는 것이기도 하다.

자기가 모든 것을 알고 있다고 생각하여 자만감에 빠져 배우지 못하는 나는 아닌지 반성을 불러일으키는 문구다. 책을 읽기 시작한 시기를 돌아보면 지금까지 조금씩 책에 대한 인식이 바뀌는 걸 느낀다. 처음에는 감동이나 재미있는 이야기를 흡수하려고 책을 읽었다면, 이제는 이야기가 완성이 되지 않더라도 한 문장에서 큰 감동을 얻기도 한다.

그리고 내가 먹고 운동한 힘으로 육체를 유지시켜 나간다면, 정신을 유지시키기 위해서 책은 정말 필요한 것이다. 세상을 읽고 내 생각을 다시 읽어 보며 고민하고 앞으로 나가는 데 책은 정말 중요한 역할을 한다. 그래서 책을 손에서 놓을 수 없고 좋은 책을 찾는 일은 나에게 중요한 일이다.

21. 63세에 책을 쓰기 시작했다

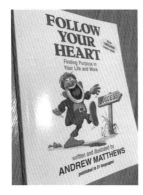

《Follow Your Heart
− Andrew Matthews》

"I'M TOO OLD TO…"

My mother started to write her first book

when she was sixty−seven.

She died at sixty−eight, and never finished the book.

But she made a start, and was happier for it.

There's only one way to go, and that is to be learning,

and loving what you do, right up to the last minute.

"나는 뭘 하기엔 나이가 너무 많아서 말이지.."

어머니는 첫 번째 책을 쓰기 시작하셨습니다.

67세의 연세에 말이죠.

그런데 바로 다음해인 68세 때 돌아가셨고, 그 책을 다 끝내지 못하셨어요.

하지만 어머니는 시작을 하셨고, 그로 인해 무척 행복하셨죠.

나갈 길은 하나고, 그것은 배우는 것이며,

당신이 하는 일을 사랑하는 것이에요. 마지막 죽는 순간을 맞이할 때까지.

뭔가를 시작할 때 너무 늦은 것은 아닌가라는 생각이 먼저 들면서 시작하지 않을 핑계를 찾게 된다. 그것은 책 읽기일 수도 있고 다른 취미일 수도 있다. 나이가 들어서도 포기하지 않고 시작하는 열정과 다 마무리짓지 못하였어도 그 일을 하면서 느끼는 행복감을 잘 표현한 글이다. 평균 수명이 100살이 넘는다는데 우리는 아주 오래 전 정년 기준으로 인생을 재단하고 있는 건 아닌지. 직장생활도 그렇고, 노후도 그렇다. 예전보다 평균 수명이 두 배나 늘었는데 여전히 30대, 40대인 분들이 '뭘 배우기에는 너무 늦었다'고 생각한다.

사실 주도적으로 인생을 산 것이 스무살부터라고 한다면 이제 시작인데도 말이다. 완벽하게 마무리 못하면 어떤가? 시작만으로도 심장이 콩닥콩닥 뛰면서 열정 있는 삶을 살 수 있을 것이다. 완벽한 마무리를 위해서 시작도 못하는 것보다는 비록 완성하지 못해도 시작과 그 과정에서 느끼는 기분 좋은 감정들도 참 소중하다고 생각한다.

22. 40년이 걸렸다

《Grit – Angela Duckworth》

"To think it has taken me forty years to find my true passion."

"나의 진짜 열정을 찾는데 40년이 걸렸다고 생각해요."

직장인이 되고, 아내가 되고, 엄마가 되고, 마흔이 되어서야 찾은 나의 취미이자 이젠 특기가 된 영어 원서 읽기. 이 문장처럼 정말 40년이 걸렸다. 오래 걸렸지만 이제라도 나의 무엇을 찾은 것 같아 다행이기도 하다. 현대 사회는 글빨(?), 말빨(?)이 있어야 살아갈 수 있는 세상이 되었다. 말 주변이 좋아 상대를 업신여기거나 꼬투리를 잡으라는 것이 아니다. 상대를 제대로 읽고, 세상을 제대로 읽는 것이 중요하고, 나의 생각을 오해없이 전달하는 것이 중요하다는 말이다. 내 기분에 앞서 상대에게 잘못 전달해서도 안 되고, 상대가 하는 말의 요지를 이해하기 보다는 오해하는 일은 없어야 한다.

이런 훈련을 책을 읽고, 메모하고, 써가면서 자연스럽게 했는데 얼마나 다행인지 모른다. 이 말처럼 진정한 열정을 찾는데 40년이 걸린 것인데 늦었다는 생각보다는 안심이 된다. 그리고 외국어 하나라도 제대로 해서 외국의 생각을 읽고 나를 제대로 표현할 수 있게 된 것도 감사한 일이다. 마흔에라도 이런 취미를 가진 것이 얼마나 다행인지 모른다.

23. 훌륭한 작가는 다시 쓰고 다시 쓰는 사람들

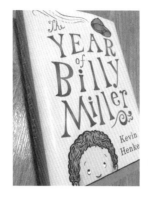

《The Year of Billy Miller
 - Kevin Henkes 》

"Remember that all good writers are rewriters,
Fine writing takes good, hard work."

"기억하렴 모든 훌륭한 작가들은 다시 쓰고 다시 쓰는 사람들이라는 걸,
좋은 글은 충분하고 어려운 작업이 필요한 법이란다."

초등학생들이 보는 책에 좋은 문구가 많다고 하였는데 이 책도
그렇다. 학기 말 발표회에서 창작시를 낭독해야 하는 아이들은 가
족을 주제로 시를 써야 한다. 글을 쓰는 걸 어려워하는 아이들에게
선생님이 해 주는 말이다. 그런데 나에게 하는 말인 것만 같다. 나
역시도 글쓰기를 시작했을 때 처음 원서를 읽을 때처럼 쓰고 지우

고 폐기하고 다시 쓰는 시행착오를 경험했다.

영어 원서를 읽는 데에도 시행착오를 많이 경험했듯 쓰는 데에도 필요한 경험이자 시간이라는 생각이 든다. 쓰고, 다시 쓰고, 읽고 다시 읽고, 충분하고 부지런히 하는 것이 그 답이라는데 위안도 얻지만 짧은 지름길을 바라는 욕심을 내지 않겠다고 다짐을 해 본다.

24. 이 카페에서 저 카페로 다니며

《The books in my life - Henry Miller》

I began with Moravagine,

a book by no means easy to read for one who knows little French.

I read it slowly, with a dictionary by my side,

shifting from one café to another.

나는 블래즈상드라르의 작품 Moravagine을 읽기 시작했다.

그 책은 프랑스어를 거의 모르는 사람이 읽기는 쉬운 책이 아니었다.

나는 사전을 곁에 두고 천천히 읽었다.

이 카페에서 저 카페로 이동해 다니면서.

《북회귀선》이라는 작품으로 국내에 알려진 작가 헨리 밀러의 책에
나오는 부분이다. 프랑스어가 모국어가 아닌 작가는 읽고 싶은 책이

있어서 프랑스어 원서로 된 책을 읽기 시작하는 부분인데 어쩜 나와 이리도 비슷한지 놀랍다. 내 얘기 같아서 공감하며 밑줄을 그었는데 괜히 내가 유명 작가가 된 것처럼 기분이 좋다. 카페를 옮겨 다니며, 사전을 가지고 다니며, 내 나라 언어가 아닌 다른 나라의 언어로 된 책을 읽는 것은 유명한 작가에게도 맞아 떨어지는 일이라니 재미있기도 하다. 이 책에는 책 제목처럼 '내 인생에 있어서의 책들'을 소개하는 것이라서 좋은 글들이 많은데 하나 더 소개해 본다.

When you have possessed a book with mind and spirit, you are enriched.
But when you pass it on you are enriched threefold.

온 마음을 다해 한 권의 책을 가질 때 당신은 풍요로워집니다.
하지만 그 책을 전해준다면 세 배 더 풍요로워집니다.

살아가면서 마음을 줄 수 있는 한 권의 책을 갖는다면 인생이 풍요로워진다고 한다. 나에게 있어서는 마음을 줄 수 있는 한 권의 책을 갖는 것 보다는 책을 읽는 것 자체가 풍요로움을 주는 것 같다. 그 자체만으로도 행복한 일이라고 느껴질 때가 많기 때문이다. 그리고 블로그나 Facebook을 통해 온라인으로 나누고 오프라인으로 만나는 지인에게 전해주는 작업을 통해 세 배 아닌 열 배 풍요로워짐을 느낀다. 그래서 이렇게 그만두지도 못하고 지속하고 있는가 보다.

3부
(부록)

사진으로
보는
원서 읽는
노하우
레시피

- 해리포터 1권

우리는 이제 해리포터 1권을 읽을 것이다.

앞에서 길게 말했던 것처럼 몇 가지 준비물이 필요하다.

챕터를 구분해서 분량을 정할 포스트잇, 원서책보다 조금 작은 크기의 메모지(종이를 자르거나 비슷한 크기의 수첩을 활용), A6 사이즈 단어카드, 그리고 삼색 볼펜을 준비해야 한다. 이런 준비물들은 처음에는 의식적으로 챙겨야 하지만, 습관이 되면 손 닿는데 어디에나 두게 된다. 자연스럽게.

이 책은 총 17개의 챕터가 있다. 하루에 1챕터를 읽는다고 하면, 17번까지 붙일 수 있겠고, 하루 1/2챕터를 읽는다고 하면 34번까지 붙여 보는 거다. 책 한 권을 한달이 넘도록 읽는 것은 지루할 수 있기 때문에 하루 1챕터를 읽는 것이 좋겠다. 실력이 부족해서 읽지 못한다고 하면 조금 나중에 도전하는 것이 좋다. 실력이 있어서

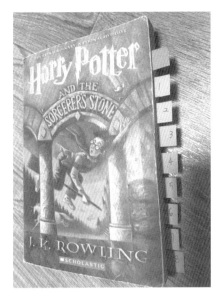

혹은 영화를 미리 봐서 내용을 아는 경우에 하루 2챕터씩 읽겠다고 하면 이렇게 8번까지 붙일 수도 있다. 지금은 하루 2챕터를 읽을 수 있지만 처음에는 하루 1챕터 읽기도 힘들었다. 그렇게 시작했다. 그리고 책 갈피용으로 쓰는 포스트잇은 다른 색으로 붙여서 시작한다.

숫자는 날짜다. 1번부터 붙여서 그런데 새로운 달이 시작되어서 첫 책이 해리포터라면 1번부터 시작하지만, 15일부터 읽는다고 하면, 15, 16, 17, 18, 19... 이런식으로 번호를 붙여 나가면 된다.

먼저 등장인물 메모지에 대한 것이다. 인물이 소개될 때마다 머리로만 기억하려고 하지 말고 간단하게 적어나가는 것이 좋다. 완독을 하면 이렇게 등장인물 메모지가 생긴다. 등장인물은 뒷면을 쓰지 않고 새로운 종이에 추가해 나간다. 그래야 펼쳐서 보기에 좋다. 해리포터의 경우는 7권까지 시리즈에다, 8권 연극 대본도 있기 때문에 전 시리즈를 완독할 때까지 이 메모지에 등장하는 인물들을 계속 추가해 나갈 것이기 때문이다.

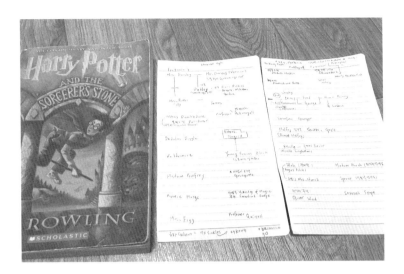

메모지 속을 보자.

이런 식으로 나오는 등장인물을 메모하고 관계를 적어 보면서 읽는 것이다. 1권을 읽는데도 2장 분량의 인물이 쏟아진다. 이것을 기억력에만 의존하며 읽는다는 것은 힘든 일이며 독서의 재미를 느끼기도 전에 질릴 수 있다. 앞에서도 말했지만 영어식 이름에 익숙하지 않아서 인물과 이름을 매칭하는 것이 어렵고, 해리포터의 경우는 동물들도 자기 이름이 있어서 고양이도 Mrs. Norris, Ron이

Mrs. Dursley(Petunia)	Mr. Dursley(Vernon)
자매 사이	드릴회사 Grunnings 이사
	– 아들 Dudley – 친구 Piers Polkiss, Dennis, Malcolm, Gordon
Mrs. Potter(Lily)	Mr. Potter(James)

데리고 다니는 쥐도 Scabbers, Harry의 올빼미는 Hedwig, Neville의 두꺼비는 Trevor다.

영화에 나오지 않은 인물들도 많이 쏟아지는데 Ron 형제는 Bill, Charlie, Percy, Fred, George에다가 동생 Ginny까지 있다. 이런 인물들을 머리로만 기억해 읽으려면 책이 재미없어지고 복잡해지고 만다. 그래서 인물도를 그려가며 읽는 것이 좋다. 특히 Harry Potter의 경우, 1권 초기에 등장하는 불을 끄고 켜는 Put-Outer라는 물건도 나중 편에서 중요한 역할을 하기 때문에 소홀히 하면 다 뒤죽박죽 섞이고 만다. 그래서 처음부터 메모하는 것이 좋다.

앞서 계속 강조했던 단어와 필사와 생각을 메모하는 종이다. 어떻게 메모하는지 세부적으로 소개한다.

chapter One   No 1

[The Boy Who lived]

2) dull 칙칙한, 흐릿한 [딜]
- 칙칙하고 흐린 화요일에 이야기가 시작된다 -

2) tawny 황갈색의 [토:니]
- 크고 황갈색 올빼미가 창문을 지나가는 것 아무도 못봐

2) tantrum 아이가 성질을 부림 [탠트럼]
- Dudley가 성질부려 시리얼을 벽에 던지고

4) tabby 얼굴무늬 [태비]
- 밝은 구석에 얼룩무늬 고양이가 서있어

3) getup 정열적 괴상한 복장
- 집중하는 복장이더라!

3) enrage 격노하게 만들다 [인레이쥐]
- 이상한 복장입은 사람들이 섞여있는 게 아니라는 걸 알고 격분해져

3) stunt 사람들의 이목을 끌기 위한 것 [스턴트]
- 이상한 옷 차림이 아마 구릅게 행동 끌기 위한 것이라 생각이 들다

3) swoop 급강하하다 [스웁]
- 올빼미들이 흐릿하자는 것 못봐

5) rattled 초조한, 당황한 [래틀드]
- 낯선 사람이 인사주니 당황한 버넌

9) pinprick 아주 작은 지점 [핀프릭]
- 수많은 빛 입체로이로 고개의 지역 (고등:1급) 분

10) lose one's head 흥분하다, 분별력을 잃다
- 흥분감 이유가 전혀 몰라고.

11) exasperate 몹시 짜증나게 하다 [이그재스퍼레잇]
- 볼으로 이름도 제대로 부르라는 짜증나게 억지로 하구만

12) falter 머뭇거리다 [폴터]
- 믿기지 않는다듯 짐짜마고 머뭇거리며 표심

12) dub 가볍게 두드리다 [덥]
- 손수건으로 콧가를 닦는 Mc Conagall

13) there will be books written about Harry.
every child in our world will know his name.
- 해리에 대하여 온 책들이 나올거고
세상 모든 사람들은 그의 이름을 알게 될거고
우리건 행복의 예외안은 아니구만, 평생 해리이야기

Chapter One

[The Boy who lived]

2) dull 칙칙한, 흐릿한 [딜]

− 칙칙하고 흐린 화요일에 이야기는 시작된다

2) tawny 황갈색의 [토:니]

− 크고 황갈색 올빼미가 창문을 지나가는 것 아무도 못 봐

3) tantrum 아이가 성질을 부림 [탠트럼]

− Dudley가 성질 부려 시리얼을 벽에 던지고 굿바이 인사도 못해

4) tabby 얼굴무늬 [태비]

– 길 구석에 얼룩무늬 고양이가 서 있어...

이렇게 적어가며 읽는 것이다.

뒷면은 이렇게 된다.

12) falter 더듬거리다 [폴터r]
– 믿기지 않는다는 듯 진짜냐고 더듬거리며 묻는

12) dab 가볍게 두드리다 [대b]
– 손수건으로 눈가를 닦는 McGonagall

그리고 마음에 드는 문장이나 한 번 써보고 싶은 글이 나올 때가 있는데 그럴 때는 파란색으로 그 문구를 옮겨 본다.

13) there will be books written about Harry–every child in our world will know his name.(파란색으로 필사)

해석하거나 생각을 빨간색으로 적어 보기도 한다.

해리에 대해 쓴 책들이 나올 거고
세상 모든 아이들이 그의 이름을 알게 될 거라고.
⇒ 이건 책 속의 얘기만은 아니구나. 현실이 그러하다.

이렇게 적어가면서 완독을 하고 나면 단어카드에 정리해 나간다.

가장 먼저 나왔던 dull은 이미 《Lions at Lunchtime》이라는 책에서 나왔던 단어다. 새의 깃털이 흐린 회색이라고 할 때도 쓰지만, 날씨가 흐릿하다고 할 때도 쓰는 단어라는 것을 알 수 있다. 뜻을 적고, 등장했던 책 이름과 페이지를 적고, 원문을 참고해서 문장을 적는다.

When Mr. and Mrs. Dursley woke up on the dull, gray Tuesday our story starts. 칙칙하고 흐린 화요일에 우리의 이야기가 시작된다.

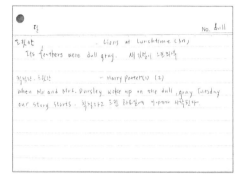

책을 완독하고 나서 이렇게 단어별로 차곡차곡 적어 두면 하나의 단어가 어떻게 쓰이는지 제대로 이해할 수 있게 도와준다. 이런 문장들을 반복해서 적고 다시 읽어 보면 내가 아는 단어가 되고, 적재

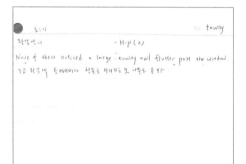

적소에 쓸 수 있게 된다.

tawny라는 단어도 정리한다. 발음은 [토:니]라고 쓰고, 뜻은 황갈색의, 등장한 책과 페이지를 적는다. 가끔 책 이름이 너무 길면 약자로 쓰

기도 한다.

　문장은 None of them noticed a large tawny owl flutter past the window. 크고 황갈색 올빼미가 창문을 지나가는 것 아무도 못 봐.. 라고 적고 정리해 둔다.

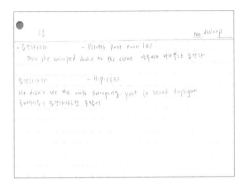

　단어 정리의 매력은 중복되는 단어가 자주 등장할 때다. 앵무새나 올빼미가 급강하하는 장면을 자꾸 그려본 단어이니, 이제 뭔가 하늘에서 빠른 속도로 하강하는 것을 보면 swoop이라는 단어를 떠올리게 되는 것이다. 단어와 뜻을 일대일로 외우는 것이 아니라, 책에서 읽었던 장면을 떠올리면 발음과 적절한 의미를 제대로 쓸 수 있게 도와준다.

　책 메모지는 책 뒤편에 꽂아 두고, 이 단어카드는 단어카드 상자에 정리해 둔다. 수시로 꺼내서 읽기도 하지만 어떤 의무처럼 하지는 않는다. 자연스럽게 다음 책을 읽은 후에 단어를 정리하다가 다시 들쳐보게 된다. 가끔은 그 단어가 어디서 본 적이 있는 것 같은데 명확하지가 않다는 느낌이 들 때 확인하기만 해도 된다. 깜지에 적어가며 외우지 않아도 자연스럽게 내가 아는 단어가 되고 실력이 는다.

길거리를 가다가 같은 디자인의 옷을 입은 사람이나 가방을 맨 사람을 만나면 민망하고 어색하지만, 같은 책을 읽거나 같은 작가가 쓴 책을 읽는 사람을 만나면 얼마나 반가운지 모릅니다. 그런데 그 책이 영어 원서인 경우는 드문 일이라 같은 영어 원서를 읽는 사람들의 교감이 대부분 인터넷이라는 온라인상에서 이루어진다는 것이 안타깝기도 합니다. 바람이 있다면 오프라인에서도 그러니까 버스에서도 지하철에서도 도서관 열람실에서도 책을 읽는 사람들이 많아지고 그 책에 영어 원서도 포함되는 것입니다.

영어 원서를 읽으면서 영어 실력도 유지하거나 높이고, 책이 주는 감동으로 마음의 힘을 단단하게 해서 삶을 행복하게 사는 분들이 많아졌으면 좋겠습니다. 그리고 영어라는 마음의 부담을 책 읽기를 통해 덜었으면 좋겠습니다.

외국어를 배운다는 것은 다른 나라의 말에 대한 기본 단어 및 문법을 배우는 것에서 시작하지만 조금 더 확장해서 다른 나라의 시대와 생각도 익히는 것이고, 역으로 내 것을 제대로 알고 알리는 것도 포함하는 것입니다. 세상은 넓으면서도 좁아졌고 과거는 지방을 경계로 사람이나 물류가 오고 갔다면, 이제는 국가 간 교류로 그 범위가 확연하게 넓어졌습니다. 우리가 자는 동안에도 그들은 깨어 있기에 끊임없이 정보를 만들어 내고 있고 아침에 눈을 뜨면 SNS를 통해 많은 소식들이 쏟아지고 있습니다. 그럼에도 우리는 과거 방식으로 영어를 형식과 문법과 단어 그리고 시험 성적에 갇혀서 배우고 있습니다.

좀 더 나아가 제대로 읽고 생각하고 나의 생각을 키우고 저들의 생각도 읽어내야 합니다. 그리고 개인 간이든 국가 간이든 오해가 있다면 제대로 알려 표현해야 하기도 합니다.

너무 늦었다고 생각하지 말았으면 좋겠습니다. 저도 처음부터 원서 읽기가 쉬웠던 것은 아닙니다. '그런 책을 뭐 하러 보냐…'하는 유아용 원서와 자기계발서에서 시작해서 하나 둘 채워 가다보니 저 스스로 단단해짐을 느끼게 되었습니다. 이렇게 제가 읽던 책들에 아이들도 눈길과 손길을 보낼 것이라고 생각합니다. 손길이 안 가도 좋습니다. 엄마는 마흔이 되어서도 책을 읽고 특히 영어 원서를 읽는 취미를 가졌던 엄마로만 기억되어도 행복합니다.

긴 시간 이런 저런 방법들을 늘어놓았는데 걱정이 되기도 합니다. 제가 영어학습법을 찾아 인터넷을 돌아다니고 여러 학습서들을 읽어보았는데 저에게 맞지 않는 것들이 많았기 때문입니다. 제 방식이 누군가에게는 맞아 떨어지지만 제가 어떤 책에서 느꼈듯 누군가에게는 맞지 않는 또 하나의 영어학습법일 수 있으니까요. 이 방법이 최상의 것이니 이대로 하시라는 차원에서 글을 썼다기 보다는 여러분의 직업과 일상, 하루에 낼 수 있는 시간을 잘 고민하시며 자신만의 방법을 찾아보시는데 도움이 되었으면 하는 바람이 더 컸습니다. 비밀이랄 것도 없지만, 막상 나의 영업비밀(?)을 다 털어 놓으니 부끄럽습니다.

사는 것이 그렇듯 인생에서 어떤 취미를 지속할 때에는 힘 풀리고 앞으로 나가지 못하는 고비를 만나게 됩니다. 하다 보니 그런 고비를 만났을 때 피하고 도망쳐 왔는데, 어찌 된 일인지 책을 읽는 과정에서는 그런 고비마다 좀 더 버티고 안간힘을 쓰며 기운을 내었고, 그런 과정에서 방법의 수정과 발전이 있었으며, 포기하지 않고 나아가는 힘도 얻었습니다. 책을 읽다가도 제대로 가는 것인지 답답하여 책을 덮고 설거지를 반들반들하게 하거나 거실을 걸레로 싹싹 훔치는 순간에 유레카를 외치듯 좀 더 나은 방안이 떠오르곤 했는데, 그럴 때의 기분도 잊혀지지 않습니다. 직장에서 일을 할 때도 뜬금없이 일어나 컵을 씻거나 사무실을 정리하기도 하는데 그렇게 몸을 움직이며 또 생각을 정돈하는 것이 저에게는 맞았습니다. 여기 적힌 방법들은 그런 순간들을 소중히 여기며 포기하지 않고 개선해가며 나아갔던 방법들입니다. 살아오면서 수정되고 바뀌었다는 것은 앞으로도 그럴 가능성이 있다는 것이기도 합니다. 그래서 이것이 정답이 아니라는 말과도 일맥상통합니다. 또한 정답은 이 책을 읽고 시행착오를 거치고 찾아오는 고비에 포기하지 않고 나은 방안을 고민하며 읽어나갈 여러분들의 방법이 진짜인 것입니다.

B급이라 할지라도 학교에서 배우지 않았어도 오랜 시간 고민하고 노력한 사람들에 의해서 바뀌고 있다고 믿고 있습니다. 그래서 이렇게 해외 연수 한번 가보지 않았어도, 책이라는 것은 전문가가 내는 것이라 믿었어도, 용기를 내 보는 것입니다. 어느 시기에 어떤 학교에 들어가지 못했다고 해서, 어느 시기에 어떤 전공분야를 공부하지 못했다고 해서, 마치 어떤 기회가 끝나 버린 것 마냥 주저앉아 있기에는 우리는 젊고 멋지니까요.

이 책이 나오고 어떤 반응이 나올지 걱정이 되기도 합니다. '유학가지 않아서 난 할 수 없어, 전공하지 않아서 난 할 수 없어, 나이가 많아서 난 할 수 없어, 직장에 다니느라 난 할 수 없어'라고 생각하는 분들에게 조금이라도 응원이 되고, 영어단어로 말하자면 beacon이 될 수 있는 깜깜한 밤에 조심스럽게 길을 안내해주는 역할을 해 드리고 싶은 마음으로 써 내려갔습니다. 부디 고민하느라 시간을 보냈던 분들께 도움이 되길 바라면서 글을 마무리하겠습니다.

제주섬에 살아 아이들을 키우며 직장에 다니며 글을 써 본적도 없는 저의 글을 인내심 있게 기다려주신 미래문화사 김순일 대표님을 비롯한 직원 분들께 진심으로 감사드립니다. 초보 작가의 변덕스러운 마음을 이해하고 기다려주시고 응원해 주심에 고맙습니다. 또한 직장이 일찍 끝나거나 주말이면 카페나 도서관으로 가 버리고, 새벽이면 또 책을 읽거나 쓰느라 집안일도 미루기 일쑤였던 저를 지지하고 도와준 최고의 외조의 남자 제 남편과 스스로 자라는 법을 깨우치기라도 한 듯 엄마보다 더 의젓하게 지내 준 우담, 연재에게 진심으로 사랑의 말을 전합니다.

영포자가 꿈꾸는 영어 원서 쉽게 읽기

초판 1쇄 인쇄 · 2018년 2월 5일
초판 1쇄 발행 · 2018년 2월 12일

지은이 · 부경진
펴낸이 · 김순일
펴낸곳 · 미래문화사
등록번호 · 제1976-000013호
등록일자 · 1976년 10월 19일
주소 · 경기도 고양시 덕양구 삼송로 139번길 7-5, 1F
전화 · 02-715-4507 / 713-6647
팩스 · 02-713-4805
이메일 · mirae715@hanmail.net
홈페이지 · www.miraepub.co.kr

ISBN 978-89-7299-491-6 03320